박문각 행정사

1차

5년 최다
전체
수석
합격자 배출

최욱진
행정학개론

박문각 행정사연구소 편_최욱진

핵심기출 지문 총정리

핵지총 610제

박문각

행정사 시험 정보

1. **자격 분류:** 국가 전문 자격증
2. **시험 기관 소관부처:** 행정안전부
3. **실시 기관:** 한국산업인력공단
4. **시험 일정:** 매년 1차, 2차 실시

구분	원서 접수	시험 일정	합격자 발표
1차	2024년 4월 22일~4월 26일	2024년 6월 1일	2024년 7월 3일
2차	2024년 7월 29일~8월 2일	2024년 10월 5일	2024년 12월 4일

〈2024년 제12회 행정사 시험 기준〉

5. **응시자격:** 제한 없음. 다만, 행정사법 제5·6조의 결격사유가 있는 자와 행정사법 시행령 제 19조에 따라 부정행위자로 처리되어, 그 처분이 있은 날부터 5년이 지나지 않은 자는 시험 에 응시할 수 없다.

6. **시험 면제대상**
   - 1차 시험에 합격한 사람에 대하여는 다음 회의 시험에서만 1차 시험을 면제한다(단, 경 력서류 제출로 1차 시험이 면제된 자는 행정사법이 개정되지 않는 한 계속 면제).
   - 행정사 자격이 있는 사람으로서 다른 종류의 행정사 자격시험에 응시하는 사람은 1차 시험을 면제한다.
   - 행정사법 제9조 및 동법 부칙 제3조에 따라, 공무원으로 재직하였거나 외국어 전공 학 위를 받고 외국어 번역 업무에 종사한 경력이 있는 사람 등은 행정사 자격시험의 전부 또는 일부가 면제된다(1차 시험 면제, 1차 시험 전부와 2차 시험 일부 면제, 1·2차 시 험 전부 면제).

7. **시험 과목 및 시간**
   - **1차 시험(공통)**

교시	입실 시간	시험 시간	시험 과목	문항 수	시험 방법
1교시	09:00	09:30~10:45 (75분)	① 민법(총칙) ② 행정법 ③ 행정학개론(지방자치행정 포함)	과목당 25문항	5지택일

● **2차 시험**

교시	입실 시간	시험 시간	시험 과목	문항 수	시험 방법
1교시	09:00	09:30~11:10 (100분)	**[공통]** ① 민법(계약) ② 행정절차론(행정절차법 포함)		
2교시	11:30	• 일반·해사행정사 11:40~13:20 (100분) • 외국어번역행정사 11:40~12:30 (50분)	**[공통]** ③ 사무관리론 (민원 처리에 관한 법률 및 행정 효율과 협업 촉진에 관한 규정 포함) **[일반행정사]** ④ 행정사실무법 (행정심판사례, 비송사건절차법) **[해사행정사]** ④ 해사실무법 (선박안전법, 해운법, 해사안전기본법, 해사교통안전법, 해양사고의 조사 및 심판에 관한 법률) **[외국어번역행정사]** ④ 해당 외국어(외국어능력검정시험으로 대체하며 영어, 중국어, 일본어, 프랑스어, 독일어, 스페인어, 러시아어의 7개 언어에 한함)	과목당 4문항 (논술 1문제, 약술 3문제)	논술형 및 약술형 혼합

8. 합격 기준

- 과목당 100점을 만점으로 하여 모든 과목의 점수가 40점 이상이고, 전 과목의 평균 점수가 60점 이상인 사람(2차 시험의 해당 외국어시험 제외)
- 단, 제2차 시험 합격자가 최소선발인원보다 적은 경우, 최소선발인원이 될 때까지 전 과목의 점수가 40점 이상인 사람 중에서 전 과목 평균 점수가 높은 순으로 합격자를 추가로 결정한다. 동점자로 인해 최소선발인원을 초과하는 경우 동점자 모두를 합격자로 한다.

9. 외국어능력검정시험 성적표 제출(외국어번역행정사)

외국어번역행정사 2차 시험의 '해당 외국어' 과목은 원서접수 마감일 전 2년 이내에 실시된 외국어능력검정시험으로 대체(행정사법 시행령 제9조 제3항, 별표 2)

● **외국어 과목을 대체하는 외국어능력검정시험 종류 및 기준점수**

시험명	기준점수	시험명	기준점수
TOEFL	쓰기 시험 부문 25점 이상	IELTS	쓰기 시험 부문 6.5점 이상
TOEIC	쓰기 시험 부문 150점 이상	신HSK	6급 또는 5급 쓰기 영역 60점 이상
		DELE	C1 또는 B2 작문 영역 15점 이상
TEPS	쓰기 시험 부문 71점 이상 ※ 청각장애인: 쓰기 시험 부문 64점 이상	DELF/ DALF	• C2 독해와 작문 영역 25점 이상 • C1 또는 B2 작문 영역 12.5점 이상
G-TELP	GWT 작문 시험 3등급 이상	괴테어학	• C2 또는 B2 쓰기 모듈 60점 이상 • C1 쓰기 영역 15점 이상
FLEX	쓰기 시험 부문 200점 이상	TORFL	4단계 또는 3단계 또는 2단계 또는 1단계 쓰기 영역 66% 이상

행정학개론 1차 시험 총평

안녕하세요. 행정학 강사 최욱진입니다. 여러분 시험 보느라 애쓰셨습니다. 시험지를 검토한 결과 2024년 행정사 행정학은 70점에서 80점을 받는 데 무리가 없는 시험이었습니다. 다만, 기출에 없던 낯선 문제가 몇 개 있었고, 기출주제의 경우 말을 바꿔서 개념을 설명하는 경향이 있었습니다. 그러나 아래의 표를 살펴보면 실질적인 난이도가 크게 변하지 않았음을 확인할 수 있습니다.

일반행정사 최근 3개년 과목별 채점결과

(단위: 명, 점, %)

구분	과 목	응시인원	평균점수	과락인원	과락률
일반행정사 (2022)	민법총칙	3,469	58.04	883	25.45
	행정법		46.38	1,222	35.23
	행정학개론		59.31	532	15.34
일반행정사 (2023)	민법총칙	4,570	55.10	1,200	26.26
	행정법		55.45	926	20.26
	행정학개론		51.12	1,071	23.44
일반행정사 (2024)	민법총칙	5,535	59.64	1,145	20.69
	행정법		55.33	1,143	20.65
	행정학개론		53.19	940	16.98

일부 낯선 문제를 제외하면 모두 기출주제를 변형해서 출제하는 것이 행정사 행정학의 출제 경향입니다. 이를 굳게 믿고 출제된 부분을 잘 이해하고 암기하셔야 합니다. 이는 2021년부터 지금까지 변함없는 공부방법이니 2025년 시험대비에 있어서도 기출내용을 잘 공부하되 이해중심으로 행정학에 접근하시길 바랍니다. 감사합니다.

– 최욱진 드림 –

2024년 행정사 행정학 출제 경향

① 총론에서 다수(7문항) 출제
② 낯선 문제(5문항) 출제: 바우처 제도, 행정이론, 내부임용의 종류, 자치경찰제, 행정구역개편의 역사
③ 논란의 여지가 있는 문제(2문항) 출제: 예산의 원칙, 중앙인사기관

출제 영역		2024년 행정학개론
총론	7	•시장실패 •행정의 목적 •행정이론(2) •공공서비스 공급방식 유형 •바우처 제도 •전자정부
정책학	2	정책결정모형(2)
조직론	1	왈도의 조직이론 분류
인사행정	3	•중앙인사기관 •공무원의 종류 •내부임용의 종류
재무행정	3	•예산편성제도 •신축성 확보장치 •예산의 원칙
지방자치론	5	•자치경찰제 •중층제와 단층제 •지방자치 체계 •주민참여제도 •행정구역개편의 역사
행정환류	1	행정통제
기타 제도 및 법령	3	•내부고발자 제도 •정부조직(2)

2021~2023년 행정사 행정학 출제 경향

① 행정학 총론에서 다수 출제
② 조직론, 재무행정, 기타 제도 및 법령에서 소수 출제
③ 위의 출제경향은 2024년에도 유지

출제 영역		2023년 행정사 행정학		2022년 행정사 행정학		2021년 행정사 행정학
총론	10	• 행태주의 • 신제도주의 • 정부실패 원인 • 거버넌스 • 과정설 및 실체설 • 능률성 및 효과성 • 학습조직 • 유기적 구조의 특징 • 지식행정의 특징 • 참모와 계선	5	• 과학적관리론 • 신공공서비스론 • 전자정부의 특징 • 시장실패 원인 • 탈관료제(학습조직)	7	• 발전행정 • 신공공관리론 • 신공공서비스론 • 인간관계론 • 관료제 • 탈관료제(위원회 조직) • 전자정부법
정책학	3	• 집행가 유형(N&S) • 무의사결정론 • 시뮬레이션 기법	4	• 하향식 접근 • 정책참여자 유형 • 집행가 유형(N&S) • 의제설정의 특징	5	• 정책평가(총괄평가) • 의제설정모형(C&R) • 정책델파이 • 상향식 접근 • 행태기준평정척도법
조직론	1	동기부여(엘더퍼)	1	분권화 촉진요인	1	동기부여(허즈버그)
인사행정	3	• 직위분류제(직급 정의) • 강제배분법 • 징계의 종류	4	• 근무성적평정 • 고위공무원단 • 인사혁신처 • 직업공무원제도	3	• 실적주의 • 직위분류제 • 특별승진 요건(명예퇴직)
재무행정	2	• 예산의 분류 • 예산의 원칙	2	• 예산의 구성 • 결산과정	2	• 예산과정 절차 • 특별회계
지방자치론	3	• 주민자치 • 특별지방자치단체 • 지방자치단체 사무배분 원칙	4	• 지방자치의 특징 • 특례시 • 주민감사청구제도 • 의존재원	3	• 보충성의 원칙 • 고유권설 • 일반재원의 정의
행정환류	2	• 행정개혁 방법 • 책임운영기관(넥스트 스텝)	3	• 행정통제 유형 • 저항 극복방법 • 행정개혁 방법	3	• 행정통제 유형 • 행정개혁 방법 • 우리나라 행정개혁 역사
기타 제도 및 법령	1	재정사업자율평가제도	2	• 정부조직체계 • 이해충돌방지법	1	내부고발제도

차 례

행정사
최욱진 행정학개론

01 행정학은 시민사회, 정치집단, 시장과의 상호작용 속에서 공공가치의 달성을 위해 ⃞○ ⃞✕
정부가 수행하는 정책이나 관리활동에 대한 지식과 이론을 연구대상으로 한다.
2013 행정사

02 행정학은 행정현상의 과학화를 목적으로 하기 때문에 이론과 실제를 분리하여 연구 ⃞○ ⃞✕
하는 학문이다. 2013 행정사

03 행정학은 정치학, 경제학, 경영학, 사회학, 법학, 심리학 등의 이론과 지식을 접목하 ⃞○ ⃞✕
여 사용하고 있다. 2013 행정사

04 좁은 의미의 행정은 행정부의 구조와 공무원을 포함한 정부관료제를 중심으로 이뤄 ⃞○ ⃞✕
지는 활동을 의미한다. 2013 행정사

05 행정은 공익을 추구하기 때문에 경영보다 법적 규제를 적게 받는다. 2013 행정사 ⃞○ ⃞✕

06 국민의 권리를 제한하고 의무를 부과하는 것은 행정의 본질과 거리가 멀다. 2014 행정사 ⃞○ ⃞✕

07 행정은 민주성, 능률성, 합법성, 효과성, 형평성 등을 추구한다. 2013 행정사 ⃞○ ⃞✕

08 오늘날에는 정부가 공공서비스의 생산 및 공급을 독점한다. 2020 행정사 ⃞○ ⃞✕

09 행정은 경영보다 엄격한 법적 규제를 받는다. 2014 행정사 ⃞○ ⃞✕

10 행정개념이 기능개념이기 때문에 기능 변화와 다양화에 따라 여러 시각으로 설명될 ⃞○ ⃞✕
수는 없다. 2020 행정사

11 행정학의 과학성을 강조하는 사람들은 행정현상의 보편적인 원칙을 인정하지 않는다.
2019 행정사

12 사이먼(H. A. Simon)은 기술성을, 왈도(D. Waldo)는 과학성을 더 강조하였다.
2019 행정사

13 정치행정이원론은 행정의 정치적 기능을 강조한다. 2016 행정사 ☐○☐✕

14 정치행정이원론은 엽관주의의 폐해를 극복하기 위하여 대두되었다. 2016 행정사 ☐○☐✕

---

01 행정학은 공익을 위한 정부활동에 대한 지식과 이론을 탐구하는 학문임

02 행정학은 행정현상의 과학화를 목적으로 하기 때문에 이론과 실제를 연결하여 연구하는 학문임 → 과학적 지식을 만들기 위해 활용되는 논리실증주의는 검증된 이론에서 도출된 가설을 실제 실험을 통해 검증하는 인식론임

03 행정학은 사회문제를 해결하기 위해 응용학문의 특징을 지님

04 협의로서 행정은 정부의 활동을 뜻함

05 행정은 국민의 세금으로 공익을 추구하기 때문에 경영보다 법적 규제를 많이 받음

06 정부는 코로나 상황에 맞게 국민에게 마스크 착용을 의무화할 수 있음 ; 따라서 국민의 권리를 제한하고 의무를 부과하는 것은 행정의 본질과 관련성이 있음

07 행정은 다양한 가치(능률성 + @)를 추구함

08 오늘날에는 정부, 시민사회, 시장이 협력하면서 공공서비스를 공급함

09 행정은 법치행정을 추구하는 바 경영보다 엄격한 법적 규제를 받음

10 행정개념은 정부가 하는 일, 즉 기능개념으로 볼 수 있기 때문에 기능 변화와 다양화에 따라 여러 시각으로 설명될 수 있음

11 과학성은 보편적 법칙을 발견하려는 특성이므로 틀린 선지임

12 사이먼은 과학성을, 왈도는 기술성을 더 강조하였음

13 정치행정일원론에 대한 내용임 → 정치행정이원론은 행정의 행정적 기능(능률적인 관리 및 집행)을 강조함

14 정당인이 공무원이 되는 엽관주의로 인해 행정의 비능률이 발생함 → 이러한 현상을 비판하기 위해 우드로 윌슨은 정치행정이원론을 주장함

Answer

01 ○	02 ×	03 ○	04 ○	05 ×	06 ×	07 ○	08 ×	09 ○	10 ×
11 ×	12 ×	13 ×	14 ○						

15 윌슨(W. Wilson)은 정치행정일원론의 입장을 견지하였다. 2016 행정사   ☐O☐X

16 윌슨(W. Wilson)의 정치행정이원론은 행정의 정책결정권한 및 적극성을 강조한다.   ☐O☐X
2018 행정사

17 정치행정일원론은 디목(M. E. Dimock), 애플비(P. H. Appleby) 등에 의해 주장되   ☐O☐X
었다. 2015 행정사

18 정치행정일원론은 행정에 있어서 절약과 능률을 최고 가치로 추구한다. 2015 행정사   ☐O☐X

19 행정국가는 정치행정일원론의 입장에서 설명할 수 있다. 2014 행정사   ☐O☐X

20 전기·수도와 같은 공공서비스 공급에 정부가 개입하는 이유는 해당 서비스가 비경   ☐O☐X
합성과 비배제성을 지니고 있기 때문이다. 2018 행정사

21 순수민간재는 경합성과 배제성을 동시에 지니고 있다. 2018 행정사   ☐O☐X

22 공급주체가 공공부문이면서 생산수단이 시장인 서비스 공급방식은 민영화 방식이   ☐O☐X
고, 공급주체가 민간부문이면서 생산수단이 시장인 서비스 공급방식은 책임운영기
관 방식이다. 2024 행정사

23 시민들은 정부가 지정하는 하나의 서비스 제공기관에서 이용권(바우처)을 사용하   ☐O☐X
여야 한다. 2024 행정사

15 윌슨은 정치행정이원론(정치와 행정의 분리)의 입장임

16 윌슨의 정치행정이원론은 행정의 능률적인 집행 및 관리를 강조함 → 즉, 행정의 정치적인 기능(정책결정)을 인정하지 않음

17 두문자 **내 친구 일원이는 목디스크가 있어서 아파!**

18 정치행정이원론은 행정에 있어서 절약과 능률을 최고 가치로 추구함

19 행정국가는 행정부의 활동이 많은 국가이므로 정치행정일원론 관점에서 설명할 수 있음

20 전기·수도와 같은 공공서비스 공급에 정부가 개입하는 이유는 해당 서비스가 자연독점 현상을 야기할 수 있기 때문임
  ※ 자연독점은 규모의 경제효과로 인해 발생하는데, 규모의 경제효과는 생산 설비의 규모 증가에 따른 생산 비용의 감소 현상을 의미함; 전기나 수도 외에도 규모의 경제효과가 나타날 수 있는 산업이 있지만, 전기나 수도의 경우 국민에게 미칠 수 있는 영향이 매우 크기 때문에 정부가 공급하고 있음

21 민간재는 나의 소비가 타인의 소비에 영향을 주면서, 돈을 내지 않으면 소비에서 배제되는 특징을 지님

22 공급주체가 공공부문이면서 생산수단이 시장인 서비스 공급방식은 책임운영기관 방식이고, 공급주체가 민간부문이면서 생산수단이 시장인 서비스 공급방식은 민영화 방식임

23 바우처 방식은 특정 기준에 부합하는 소비자의 선택권을 보장하는 제도임(하나의 서비스 제공기관에서 사용×)

Answer

| 15 × | 16 × | 17 ○ | 18 × | 19 ○ | 20 × | 21 ○ | 22 × | 23 × |

02 행정이론

01 과학적관리론은 비공식적 집단의 역할을 강조하지만, 인간관계론은 공식적 조직의 역할을 중시한다. 2016 행정사 ☐O☐X

02 과학적관리론은 과업목표의 달성을 위해 체계적인 관리와 통제를 중시하는 관료제 조직에 적합하다. 2016 행정사 ☐O☐X

03 관리과학은 계량적 분석에 입각하여 처방을 제시한다. 2024 행정사 ☐O☐X

04 이스턴(D. Easton)의 후기행태주의는 가치중립적·과학적 연구를 강조하였다.
2013 행정사 ☐O☐X

05 사이먼(H. A. Simon)의 행태주의는 인간행태를 연구대상으로 정립했으며 행정연구에 과학주의를 도입하여 가치중립적인 객관적 분석을 가능하게 하였다. 그러나 이 이론은 과학적·계량적 연구방법론의 강조로 연구대상과 범위의 제한을 가져왔다는 비판을 받고 있다. 2013 행정사 수정 ☐O☐X

06 공공선택론은 공공서비스의 효율적 공급을 위해 공공부문의 시장경제화를 추구하며 정치 및 행정현상에 경제학적 분석도구를 적용하여 설명한다. 2015 행정사 ☐O☐X

07 생태론 혹은 비교행정론은 행정현상을 자연·사회·문화적 환경과 관련시켜 이해하며 집합적 행위나 제도를 거시적 수준에서 분석한다. 2015 행정사 ☐O☐X

08 신행정론은 고객 중심의 행정, 사회적 형평성 등을 강조한다. 2016 행정사 ☐O☐X

09 체제론적 접근방법은 행정과 환경의 상호작용을 중시하고, 선진국보다 개발도상국의 행정현상을 설명하는 데 유용하다. 2016 행정사 ☐O☐X

10 생태론적 접근방법은 행정의 가치지향성과 기술성을 중시하며, 시장원리에 입각한 공공관리에 초점을 둔다. 2016 행정사 ○ ×

11 행태론적 접근방법은 행정현상을 자연·사회·문화적 환경과 관련시켜 설명한다. ○ ×
2016 행정사

12 공공선택론은 관료의 사익추구, 예산극대화, 지대추구행위, 정치 및 행정현상의 경제학적 분석 등과 관련 있는 이론이다. 2020 행정사 ○ ×

---

01 과학적관리론은 공식적 조직의 역할을 강조하지만, 인간관계론은 비공식적 집단의 역할을 중시함

02 관리주의에 속하는 과학적관리론은 과업목표의 달성을 위해 체계적인 관리와 통제를 중시하는 관료제 조직을 선호함 → 이에 따라 그 안에서 일하는 구성원을 거대한 기계 안의 부품으로 간주함

03 관리과학, 즉, 관리주의는 조직관리에 있어서 기계적 능률성(계량적 분석)을 중시함

04 사이먼의 행태주의가 가치중립적·과학적 연구를 강조하였음

05 ① 사이먼은 인간의 행동에 영향을 미치는 원인을 탐구하고자 했음 → 과학성 추구
② 그러나 사실연구에 치중한 나머지 가치연구를 배제했다는 비판을 받았음

06 공공선택론은 경제학을 활용해서 능률적으로 시민의 선호를 반영할 수 있는 공공서비스 공급체계를 제시함 → 분권화된 정부구조 강조

07 생태론이나 비교행정론은 현상을 분석할 때 환경적 요인을 고려함 ; 아울러 분석의 단위가 국가임(개인행동×)

08 신행정론은 사회문제를 다루기 위해 고객 중심(국민 중심)의 행정을 강조하며, 당시 미국의 사회문제 중 흑인폭동을 해결하기 위해 사회적 형평성 등을 주장하였음

09 체제론적 접근방법은 행정과 환경의 상호작용을 통해 안정과 균형을 유지하는 현상을 설명하는 바 개발도상국보다 선진국의 행정현상을 설명하는 데 유용함

10 생태론적 접근방법은 행정의 과학성(사실 중심 연구)을 중시하되, 중범위 이론의 구축을 지향함
※ 시장원리에 입각한 공공관리에 초점을 두는 이론은 공공선택론, 신공공관리론 등임

11 생태론적 접근방법 혹은 비교행정은 행정현상을 자연·사회·문화적 환경과 관련시켜 설명함

12 선지에 나열된 개념은 현상을 설명할 때 모두 공공선택론을 활용함

Answer

| 01 × | 02 ○ | 03 ○ | 04 × | 05 ○ | 06 ○ | 07 ○ | 08 ○ | 09 × | 10 × |
| 11 × | 12 ○ |

13 신제도주의는 정책 또는 행정환경을 내생변수가 아닌 외생변수로 다룬다. 2019 행정사 ☐O☐X

14 신공공관리론은 정부의 기능을 민간화하고 지출을 팽창시켜야 한다는 관점의 이론이다. 2020 행정사 ☐O☐X

15 오스본(D. Osborne)과 게블러(T. Gaebler)에 따르면 신공공관리는 규칙 중심, 전통적 행정은 업무 중심(임무 중심)의 관리방식을 취하고 있다. 2024 행정사 ☐O☐X

16 사회학적 제도주의는 제도의 범위에 관습과 문화도 포함한다. 2019 행정사 ☐O☐X

17 신공공서비스론은 정부관료제에 경쟁 원리를 도입하여 개혁할 것을 강조한다. 2019 행정사 ☐O☐X

18 신공공서비스론은 정부의 역할을 '노젓기'보다는 '방향잡기'로 규정한다. 2019 행정사 ☐O☐X

19 리그스(F. W. Riggs)의 프리즘적 모형(Prismatic Model)에 따르면 농업사회에서 지배적인 행정모형을 사랑방 모형(Sala Model)이라 한다. 2020 행정사 ☐O☐X

20 오스본(D. Osborne)과 플래스트릭(P. Plastrik)의 '기업가 정부'를 만들기 위한 다섯 가지 전략에서 통제전략은 권력을 대상으로 하고 집권화를 추구하는 전략을 의미한다. 2019 행정사 ☐O☐X

21 공공선택론은 합리적 선택 제도주의의 대표적 이론 중 하나이다. 2019 행정사 ☐O☐X

22 로즈(R. A. W. Rhodes)는 뉴거버넌스를 통한 민관협력 네트워크의 중요성을 주장하였다. 2013 행정사 ☐O☐X

23 신공공관리론의 관료역할은 공공기업가이고, 뉴거버넌스론의 관료역할은 조정자이다. 2014 행정사 ☐O☐X

24 신공공관리론에서 서비스는 민영화와 민간위탁으로 제공하고, 뉴거버넌스에서 서 ☐○☐×
비스는 시민 및 기업의 참여를 통한 공동공급으로 제공한다. 2014 행정사

25 행정이 국가발전이라는 목표를 달성하기 위해 정치를 비롯하여 경제·사회의 변동 ☐○☐×
을 주도해나가야 한다는 행정학설은 발전기능설이다. 2021 행정사

---

13 신제도주의는 정책 또는 행정환경을 제도로 간주하는 바 외생변수가 아닌 내생변수로 간주함
① 내생변수 : 무언가의 영향을 받아서 변화할 수 있는 변수
② 외생변수 : 변화하지 않는 변수

14 신공공관리론은 정부의 기능을 민간화하고 정부의 지출을 축소해야 한다는 관점의 이론임

15 전통적 행정은 규칙 위주의 행정을 강조하지만, 신공공관리는 일의 목표달성을 강조함

16 사회학적 신제도주의는 현상을 설명할 때 비공식적인 제도를 강조함

17 신공공관리론은 정부관료제에 경쟁 원리를 도입하여 개혁할 것을 강조함

18 신공공관리론은 정부의 역할을 '노젓기'보다는 '방향잡기'로 규정함 → 신공공서비스론은 정부의 역할을 봉사로
규정함

19 리그스의 프리즘적 모형(Prismatic Model)에 따르면 개발도상국에서 지배적인 행정모형은 사랑방 모형(Sala
Model)임

20 오스본과 플래스트릭의 '기업가 정부'를 만들기 위한 다섯 가지 전략에서 통제전략은 권력을 대상으로 하고 분권
화를 추구하는 전략을 의미함

21 공공선택론은 경제학 활용, 이기적인 인간, 제도의 중요성 강조 등을 특징으로 하는 바 합리적 선택 제도주의의
대표적 이론 중 하나로 볼 수 있음

22 로즈는 거버넌스와 관련된 학자임

23 신공공관리론에서 관료역할은 수익을 창출하는 공공기업가이고, 뉴거버넌스론의 관료역할은 네트워크를 중립적
으로 관리하는 조정자임

24 신공공관리론은 시장과 정부의 협력을, 거버넌스는 시장, 시민사회, 정부의 협치를 강조함

25 발전행정론은 행정부가 국가발전을 주도하는 현상을 설명한 이론임

Answer

13 ×	14 ×	15 ×	16 ○	17 ×	18 ×	19 ×	20 ×	21 ○	22 ○
23 ○	24 ○	25 ○							

26 신공공서비스론은 시민을 자율적인 소비자 또는 고객으로 간주한다. 2022 행정사 ○×

27 신공공서비스론은 민주적 시민의식론과 조직적 인본주의를 이념으로 한다. 2022 행정사 ○×

28 신공공서비스론은 공공행정의 다양한 가치와 책임성 문제에 관심을 둔다. 2022 행정사 ○×

29 신공공서비스론은 공공서비스의 공급에 있어 합리적 선택과 방법론적 개인주의를 강조한다. 2022 행정사 ○×

30 인간관계론은 조직목표 달성을 위해 생산성과 능률성에 기반을 둔 금전적 보상과 경제적 인간관을 강조한다. 2022 행정사 ○×

31 신제도주의론은 공식적 제도나 구조는 물론 비공식적 제도와 규범도 중요하게 강조한다. 2022 행정사 ○×

32 행태주의 행정연구는 가치와 사실문제를 엄격하게 구분하고 자유와 평등의 가치를 연구대상에서 제외한다. 2022 행정사 ○×

33 주인대리인이론은 주인과 대리인 간 정보의 대칭성을 가정한다. 2018 행정사 ○×

34 합리적 선택 제도주의의 연장선상에서 오스트롬(E. Ostrom)은 '공유재의 비극'의 해결방안으로 공동체 중심의 자치제도를 제시한다. 2023 행정사 ○×

35 행태주의는 환경과의 상호작용을 통한 진화과정을 강조한다. 2023 행정사 ○×

36 뉴거버넌스는 정부 내부의 관리보다는 외부 주체와의 관계를 강조한다. 2023 행정사 ○×

37 역사적 제도주의는 서로 다른 국가들 사이의 제도가 유사해지는 현상을 설명하는 데 유리하다. 2023 행정사 ☐○ ☒✕

38 사회학적 제도주의는 개인에 대한 가정에 기초한 미시적·연역적 방법에 주로 의존한다. 2023 행정사 ☐○ ☒✕

---

26 신공공관리론에 대한 내용임

27 신공공서비스론은 민주적 시민이론, 지역공동체와 시민사회모형, 조직인본주의, 담론이론, 비판이론, 실증주의, 해석학, 포스트모더니즘 등에 인식론적 토대를 두고 있음(이론적 토대가 복합적임→단, 공공선택론 제외)

28 신공공서비스론은 능률성 외 다양한 가치를 추구하며, 다면적 책임성을 중시함

29 공공선택론에 대한 내용임

30 과학적관리론에 대한 내용임

31 신제도주의론은 인간의 행동에 영향을 미치는 제도의 범위를 광범위하게 정의함

32 행태주의는 연구의 대상을 가치와 사실로 구분한 뒤, 사실의 연구(검증 가능한 영역)에 초점을 둠

33 주인대리인이론은 주인과 대리인 간 정보의 비대칭성(주인과 대리인의 정보보유량 차이)을 가정함

34 공유지 비극을 막기 위한 자발적 규칙설정은 합리선택적 신제도주의의 예시로 볼 수 있음

35 행태론은 폐쇄체제 관점의 이론임

36 거버넌스는 정부, 시장, 시민사회 간 협치를 뜻하므로 올바른 선지임

37 선지는 사회학적 신제도주의에 대한 내용임(제도적 동형화)

38 선지는 합리선택적 신제도주의에 대한 내용임

Answer

26 ✕	27 ○	28 ○	29 ✕	30 ✕	31 ○	32 ○	33 ✕	34 ○	35 ✕
36 ○	37 ✕	38 ✕							

Chapter 03 행정의 목적

01 실체설에 따르면 개인의 사익을 초월한 공익이 존재한다. 2018 행정사 ☐O ☐X

02 실체설에 따르면 공익은 사익의 총합이거나 사익 간의 타협 및 조정 과정을 통해 얻어진다. 2018 행정사 ☐O ☐X

03 롤스(J. Rawls)의 「정의론」은 사회적으로 최소의 혜택을 받는 사람들에게 차별적 이익을 제공하는 이론적 근거를 제공한다. 2018 행정사 ☐O ☐X

04 투입에 대한 산출의 비율을 나타내는 행정가치는 능률성이다. 2019 행정사 ☐O ☐X

05 능률성은 행정이 추구하는 가치 중 본질적 가치에 해당한다. 2016 행정사 ☐O ☐X

06 사회적 자본은 사회구성원들 간의 신뢰와 협력을 중시한다. 2015 행정사 ☐O ☐X

07 가외성은 환경에 대한 조직의 적응성을 높여준다. 2014 행정사 ☐O ☐X

08 환경의 불확실성이 커질수록 가외성의 필요성은 감소한다. 2014 행정사 ☐O ☐X

09 사회적 능률성은 민주성의 개념으로 이해되는데 이는 신행정론에서 처음 주창된 가치이다. 2014 행정사 ☐O ☐X

10 실체설에 따르면 개인의 사익추구가 결과적으로 공동체의 선을 최대한 증대시킨다. 2018 행정사 ☐O ☐X

11 효율성과 효과성은 같은 개념이다. 2018 행정사 ☐O ☐X

12 국가발전을 추진하던 1960년대 발전 행정적 사고가 지배적일 때 부각되어 중요시되었던 행정가치는 능률성이다. 2017 행정사 ○ ×

13 가외성은 작고 효율적인 행정개혁을 저해할 수 있다. 2014 행정사 ○ ×

14 효과성은 1960년대 발전행정의 사고가 지배적일 때 주된 가치판단 기준이었다. 2014 행정사 ○ ×

15 과학적관리론에서 추구하는 행정가치는 형평성이다. 2019 행정사 ○ ×

16 행정행태론에서 추구하는 행정가치는 효과성이다. 2024 행정사 ○ ×

---

01 실체설은 사회 내 각 개인의 견해, 즉 사익과는 별도로 공동체를 위한 이익이 존재할 수 있다는 관점임

02 과정설에 따르면 공익은 사익의 총합이거나 사익 간의 타협 및 조정 과정을 통해 얻어짐

03 해당 선지는 최소극대화 원칙(2-2원칙)을 설명하고 있음

04 능률성은 가성비, 즉 투입 대비 산출의 비를 나타냄

05 능률성은 행정이 추구하는 가치 중 수단적인 가치에 해당함
※ 본질적인 가치는 공익, 정의, 복지, 형평, 평등, 자유임→공정복지형평자(아코프)

06 사회자본은 사람 간 혹은 집단 간 형성되어 있는 신뢰의 망을 의미함

07 가외성은 잉여장치이므로 환경변화에 대한 적응성을 제고함

08 환경의 불확실성이 커질수록 잉여장치, 즉 가외성의 필요성은 증가함

09 사회적 능률성은 인간적 능률, 즉 인간에 대한 존중을 바탕으로 정책의 목적실현(합목적성)을 중시하는 바 민주성의 개념으로 이해되며, 이는 1930년대 기능적 행정학(통치기능설=정치행정일원론)이나 인간관계론에서 주창된 가치임

10 선지는 과정설에 대한 내용임→과정설은 사회 내 각 개인의 견해(각 개인의 사익이 포함됨)를 조정한 것이 공익이라는 관점임

11 효율성은 가성비(투입 대비 산출의 비)이고, 효과성은 목표의 달성도를 의미함

12 선지는 발전행정론에 대한 내용임→발전행정론은 '효과성'을 강조함

13 가외성은 잉여장치를 설치하는 것이므로 능률성을 저해할 수 있음

14 발전행정론은 행정부 주도하에 국가발전을 이룩했는지 여부, 즉 목표의 달성도(효과성)를 중시함

15 과학적관리론은 관리주의에 포함되는 이론이므로 능률성(기계적 능률성)을 중시함

16 행정행태론은 합리성을 강조함

Answer

01 ○ 02 × 03 ○ 04 ○ 05 × 06 ○ 07 ○ 08 × 09 × 10 ×
11 × 12 × 13 ○ 14 ○ 15 × 16 ×

17 과정설의 대표적인 학자에는 플라톤(Plato)과 루소(Rousseau)가 있다. 2017 9급 국가직 ○ ×

18 실체설은 공익이라는 미명 하에 개인의 이익이 침해될 수 있는 위험요소를 내포하고 있다. 2017 9급 국가직 ○ ×

19 디목(M. E. Dimock)이 제창한 사회적 능률은 인간적, 단기적 능률을 의미한다. ○ × 2011 9급 국가직

20 사이먼(H. A. Simon)의 절차적 합리성은 결정이 생성되는 과정보다 선택의 결과에 더 관심을 갖는다. 2008 7급 지방직 ○ ×

21 실체설은 개인이나 집단 사이의 이해를 조정하는 행정의 조정자 역할을 강조한다. ○ × 2023 행정사

22 과정설은 이해당사자 사이의 협상과 타협을 통해 규범적 절대가치에 도달할 수 있다고 본다. 2023 행정사 ○ ×

23 참모는 조직의 일차적 목표와 관련된 사업을 수행하고, 계선은 이를 지원하는 역할을 담당한다. 2023 행정사 ○ ×

---

17 플라톤과 루소는 실체설을 주장한 학자임
18 실체설은 국민의 견해를 반영하지 않고 정부 혹은 공무원이 공익을 규정하기 때문에 자칫 개인의 이익을 침해할 수 있는 여지가 있음
19 디목이 제창한 사회적 능률은 인간적, 장기적 능률을 의미함
20 사이먼의 내용적 합리성은 결정이 생성되는 과정보다 선택의 결과에 관심을 둠
21 관료의 중재자 및 조정자의 역할을 강조하는 것은 과정설임
22 규범적 절대가치, 즉 도덕적 절대가치는 실체설에서 제시하는 공익의 예시에 해당함
23 선지에서 참모와 계선의 역할이 바뀌었음

Answer

17 ×   18 ○   19 ×   20 ×   21 ×   22 ×   23 ×

04 행정의 구조 : 관료제

01 베버(Weber)가 제시한 관료제에서 구성원의 임무수행은 인격성(personality)과 비 ☐○ ☒✕
합리성이 중시된다. 2020 행정사

02 베버(Weber)가 제시한 관료제는 개인성(personality)을 고려한 업무처리를 강조한다. ☐○ ☒✕
2018 행정사

03 학습조직은 결정과 기획 등 핵심기능만 남기고 기타 집행사업기능을 각각 전문업체 ☐○ ☒✕
에 위탁경영하여 일을 수행하는 조직이다. 2013 행정사

04 학습조직은 불확실한 환경에서 조직 스스로 문제해결을 할 수 있도록 조직구성원에 ☐○ ☒✕
게 권한 강화와 학습기회를 제공한다. 2013 행정사

05 방송통신위원회, 공정거래위원회와 같은 행정위원회는 결정권한을 갖고 있으며 집 ☐○ ☒✕
행까지 책임을 진다. 2021 행정사

06 기계적 조직은 조직원의 재량과 책임을 중시하나 학습조직은 조직원 과업을 상세히 ☐○ ☒✕
규정한 표준화·분업화에 의해 수행한다. 2022 행정사

---

01 베버가 제시한 관료제에서 구성원의 임무수행은 비인격성(Impersonality)과 합리성이 중시됨

02 베버가 제시한 관료제는 비개인성(Impersonality)을 고려한 업무처리를 강조함

03 네트워크 조직은 결정과 기획 등 핵심기능만 남기고 기타 집행사업기능을 각각 전문업체에 위탁경영하여 일을
수행하는 조직임

04 학습조직은 구성원의 능동적 학습을 강조함; 아울러 유기적 구조이므로 분권적인 의사결정구조를 지님

05 방송통신위원회, 공정거래위원회, 금융위원회와 같은 행정위원회는 결정권한을 갖고 있으며 집행까지 책임을 짐

06 지문의 내용이 바뀌었음 → 학습조직은 유기적 구조이므로 조직원의 재량과 책임을 중시하나 기계적 조직은 조
직원 과업을 상세히 규정한 표준화·분업화에 의해 수행함

Answer
01 ✕ **02** ✕ **03** ✕ **04** ○ **05** ○ **06** ✕

07 기계적 조직은 수직적 구조이나 학습조직은 수평적 구조를 지향한다. 2022 행정사 ☐O☐X

08 베버(Weber)의 관료제 모형은 계층제의 원리를 근간으로 한다. 2015 7급 국가직 ☐O☐X

09 베버(Weber)의 관료제에서 관료는 객관적·중립적 입장보다는 민원인의 입장에서 ☐O☐X
판단하고 결정한다. 2017 7급 국가직 추가

10 베버(Weber)의 관료제 이론에서 보수를 받지 않고 봉사하는 사람은 관료라고 볼 ☐O☐X
수 없다. 2013 7급 지방직

11 카리스마적 권위는 베버(Weber)가 제시한 이념형(ideal type) 관료제의 특성이다. ☐O☐X
2021 경찰간부

12 계층제에서 근무하는 관료는 봉사대상인 국민에게 책임을 져야 한다. 2013 7급 지방직 ☐O☐X

13 관료제에서는 조직구성원이 조직목표보다는 수단에 집착하여 목표의 전환현상이 ☐O☐X
발생한다. 2009 9급 국회직

14 관료제의 집권적이고 권위주의적인 통제와 법규우선주의, 그리고 몰인격적(impersonal) ☐O☐X
역할관계는 조직구성원의 사회적 욕구충족을 저해하며 그들의 성장과 성숙을 방해
한다. 2011 7급 지방직

15 굿셀(Goodsell)에 따르면 관료제에서는 계층제 조직의 구성원이 각자의 능력을 넘 ☐O☐X
는 수준까지 승진하게 되는 병리현상이 나타난다. 2015 9급 서울시

16 관료는 임무수행을 구두가 아니라 문서로 한다. 2020 행정사 ☐O☐X

17 위원회 조직은 결정권한의 최종 책임이 기관장 한 사람에게 집중되어 있는 조직 ☐O☐X
이다.
2021 행정사

18 애드호크라시(Adhocracy)는 현대의 복잡하고 불확실한 환경에서 발생하는 문제에 ☐ ☒
신속하게 대응하지 못한다. 2021 행정사

19 학습조직은 변화를 위한 학습역량 함양을 통해 미래 행동의 기반을 구축한다. ☐ ☒
2013 행정사

20 베버(Weber)의 관료제는 업무수행에 필요한 전문성을 강조한다. 2018 행정사 ☐ ☒

21 학습조직은 전체보다 부분을 중시한다. 2023 행정사 ☐ ☒

---

07 기계적 조직은 관료제이므로 수직적 구조이며, 학습조직은 유기적 구조이므로 수평적 구조를 지향함

08 베버의 관료제는 계층제를 통한 상명하복을 강조함

09 베버의 관료제에서 관료는 민원인의 입장보다는 법이나 규칙에 따라 판단하고 결정함

10 베버의 관료제는 구성원에게 급료를 제공하는 것을 원칙으로 함

11 베버가 제시한 이념형 관료제는 합법적 권위를 기초로 조직을 규율함 → 카리스마적 권위는 리더의 비범한 능력을 기초로 조직의 순응을 만들어내는 현상을 설명한 개념임

12 계층제에서 근무하는 관료는 명령계통에 따라 움직이는 바 상관에게 책임을 져야 함

13 관료제에서는 조직구성원이 조직목표보다는 수단, 즉 조직 내 규칙준수에 집착하여 목표의 전환현상이 발생할 수 있음

14 관료제의 합법적 권위 강조, 상명하복 기제 등은 구성원을 거대한 기계 속의 부품으로 만드는 경향이 있음

15 피터에 따르면 관료제에서는 계층제 조직의 구성원이 각자의 능력을 넘는 수준까지 승진하게 되는 병리현상이 나타남
※ 굿셀은 관료제 옹호론을 주장한 학자임

16 관료는 임무수행을 구두가 아니라 문서로 하는 문서주의를 특징으로 함

17 위원회 조직은 분권적인 조직이므로 결정권한의 최종 책임이 기관장 한 사람에게 집중되어 있지 않음

18 애드호크라시는 유기적인 구조이므로 현대의 복잡하고 불확실한 환경에서 발생하는 문제에 신속하게 대응할 수 있음

19 학습조직은 환경적응을 위해 학습을 통한 미래 행동 기반을 구축함

20 베버의 관료제는 능력주의를 특징으로 함

21 학습조직은 공동체 문화를 중시하는 바 전체를 중시함

Answer

| 07 ○ | 08 ○ | 09 × | 10 ○ | 11 × | 12 × | 13 ○ | 14 ○ | 15 × | 16 ○ |
| 17 × | 18 × | 19 ○ | 20 ○ | 21 × | | | | | |

05 행정과 환경

01 긍정적 외부효과가 존재하는 시장의 경우 과소공급에 따른 비효율성이 초래된다. ☐○☐✕
2018 행정사

02 긍정적 외부효과는 사회적 적정수준보다 과잉생산의 결과를 가져온다. 2024 행정사 ☐○☐✕

03 시장에서의 정보 비대칭성은 자원배분의 효율성과는 무관하다. 2018 행정사 ☐○☐✕

04 파생적 외부효과는 시장실패 원인 중 하나이다. 2019 행정사 ☐○☐✕

05 코오즈의 정리에서는 부정적 외부효과의 해결을 위한 정부의 규제정책을 강조한다. ☐○☐✕
2018 행정사

06 환경오염으로 인한 외부불경제 효과는 정부실패 원인에 해당한다. 2022 행정사 ☐○☐✕

07 공공재의 공급은 시장실패 원인에 해당한다. 2022 행정사 ☐○☐✕

08 비용과 편익의 괴리는 시장실패 원인에 해당한다. 2017 행정사 ☐○☐✕

09 독과점은 시장실패 원인에 해당한다. 2017 행정사 ☐○☐✕

10 내부조직목표와 사회적 목표의 괴리는 시장실패 원인에 해당한다. 2020 행정사 ☐○☐✕

11 불완전한 경쟁은 시장실패의 원인이다. 2019 행정사 ☐○☐✕

12 X비효율성은 과열된 경쟁에서 나타나는 정부의 과다한 비용발생을 의미한다. ☐○☐✕
2017 9급 국가직

13 정부실패의 원인 중 권력의 편재에 대한 대응방안으로는 정부보조삭감, 규제완화 ○✕
등이 있다. 2009 7급 서울시

14 특정 지역의 주택가격이 과도하게 상승하자, 정부가 이를 해결하기 위해 투기과열지 ○✕
구로 지정하였는데 정부의 의도와 달리 주택 수요자들이 투기과열지구의 지정으로
인해 그 지역의 주택가격이 더 오를 것이라고 예상하였고, 이 때문에 투기과열지구로
지정된 이후 오히려 주택가격이 급등한 상황은 파생적 외부효과로 설명할 수 있다.
2020 7급 지방직

15 정부실패의 요인 중 내부성은 관료들이 자기 부서의 이익 혹은 자신의 사적 이익에 ○✕
집착함으로써 공익을 훼손하게 되는 경우를 의미한다. 2020 8급 국회직

01 긍정적 외부효과는 남 좋은 일에 해당함; 따라서 긍정적 외부효과가 존재하는 시장의 경우 과소공급에 따른
비효율성이 초래될 수 있는 바 정부는 공적인 유도를 통해 긍정적 외부효과가 발생할 수 있도록 노력해야 함

02 긍정적 외부효과는 다른 경제주체에게 좋은 영향을 미치는 것으로 사회적 적정수준보다 과소생산의 우려가 있음

03 정보의 비대칭은 판매자와 소비자 간에 정보의 보유량 차이에 따른 가격 왜곡 현상을 일으킬 수 있음; 따라서
시장실패 원인 중 하나에 해당함

04 파생적 외부효과는 정부실패 원인 중 하나임
※ 파생적 외부효과: 정부정책으로 인해 예상치 못한 피해가 발생하는 현상

05 코오즈의 정리: 부정적 외부효과에 대한 구체적 소유권이 있고 이해당사자 간 협상에 소요되는 거래비용이 작
다면, 정부의 개입이 없어도 이해관계자 간 자발적 협상에 의해 부정적 외부효과를 해결할 수 있다는 이론

06 환경오염으로 인한 외부불경제 효과는 시장실패 원인에 해당함

07 공공재는 무임승차자 문제를 야기하고 시장에서 공급할 수 없으므로 시장실패 원인에 해당함

08 비용과 편익의 괴리는 정부실패 원인에 해당함

09 독과점은 판매자의 가격 왜곡을 발생시키므로 시장실패 원인에 해당함

10 내부조직목표와 사회적 목표의 괴리, 즉 정부조직의 사익추구 현상은 정부실패 원인에 해당함

11 불완전한 경쟁, 즉 소수 기업의 시장 점유는 시장실패의 원인임

12 X비효율성은 경쟁이 부족한 상태에서 나타나는 낭비현상임

13 정부실패의 원인 중 권력의 편재에 대한 대응방안으로는 민영화, 규제완화 등이 있음 틀문제 권민규

14 파생적 외부효과는 정부의 정책으로 인해 발생한 '예측하지 못한 피해'임

15 내부성은 정부의 사익추구 현상을 의미함

Answer

| 01 ○ | 02 ✕ | 03 ✕ | 04 ✕ | 05 ✕ | 06 ✕ | 07 ○ | 08 ✕ | 09 ○ | 10 ✕ |
| 11 ○ | 12 ✕ | 13 ✕ | 14 ○ | 15 ○ | | | | | |

16 외부효과, 독과점, 공공재의 존재, 불완전한 정보 등은 시장실패 원인에 해당한다. ☐O☐X
2021 9급 국가직

17 정부의 X비효율성은 정부서비스의 공급 측면보다는 사회적·정치적 수요 측면 때 ☐O☐X
문에 발생한다. 2023 행정사

18 정보행정은 정보기술을 활용하여 수요자 중심으로 행정서비스를 개선한다. 2020 행정사 ☐O☐X

19 전자정부는 수요자 중심보다는 공급자 중심의 행정서비스를 강조하는 열린 정부 ☐O☐X
이다. 2018 행정사

20 우리나라의 전자정부는 수요자 중심보다는 공급자 중심의 행정서비스를 강조한다. ☐O☐X
2019 행정사

21 스마트 전자정부는 국민이 직접 증명하는 공급자 중심의 획일적인 서비스를 극대화 ☐O☐X
하는 정부이다. 2024 행정사

22 지식행정은 지식사회를 설계하고 지식관리를 통해 가치를 창출하고 극대화하는 것 ☐O☐X
을 의미한다. 2023 행정사

23 스마트워크센터는 출장지 등 원격지에서 업무가 가능하도록 정보통신기술기반의 ☐O☐X
원격업무시스템을 갖춘 사무공간을 말한다. 2017 행정사

24 우리나라 전자정부시스템에는 '정부민원포털(민원24)', '국가종합전자조달시스템 ☐O☐X
(나라장터)', '전자통관시스템(UNI-PASS)' 등이 있다. 2017 행정사

25 행정기관등의 장은 원격지 간 업무수행을 할 때에는 온라인 영상회의를 우선적으로 ☐O☐X
활용하도록 노력하여야 한다. 2017 행정사

26 전자정부는 정보통신기술을 활용하여 효율적인 행정, 질 높은 대민서비스, 투명하 ○✕
고 민주적인 정부를 구현하는 실천적인 수단이다. 2017 행정사

27 정부 3.0은 2010년 이명박 정부에서 처음 실시되었다. 2016 행정사 ○✕

28 전자정부의 기반 기술 패러다임은 유비쿼터스 컴퓨팅과 네트워크 기술에서 모바일 ○✕
기술로, 다시 모바일 기술에서 인터넷 발전으로 진화하고 있다. 2013 행정사

---

16 시장실패 원인 **두문자** 시험공부는 외롭고 독하게!

17 정부의 X비효율성은 정부서비스의 공급 측면 때문에 발생함

18 정보행정은 정보기술을 활용하여 국민 중심으로 행정서비스를 개선함

19 전자정부는 공급자 중심보다는 수요자 중심의 행정서비스를 강조하는 열린 정부임

20 우리나라는 공급자(정부) 중심보다는 수요자(국민) 중심의 행정서비스를 강조함

21 전자정부는 수요자 중심의 다양한 서비스를 제공하는 정부임

22 지식행정은 체계적인 지식관리를 지향하는 행정임

23

스마트워크 근무형	• 자택 인근 스마트워크센터 등 별도 사무실에서 근무 ; 주거지 근처 원격근무사무실(smart office)에서 인터넷을 사용하여 업무를 처리하는 것 → 원격근무 형태 • 스마트워크(smart work)란 영상회의 등 정보통신기술을 이용해 시간과 장소의 제약 없이 업무를 수행하는 유연한 근무형태를 의미

24 우리나라 전자정부시스템에는 '정부민원포털(민원24)', 조달청이 운영하는 '국가종합전자조달시스템(나라장터)', 관세청이 관리하는 '전자통관시스템(UNI-PASS)' 등이 있음

25 **전자정부법 제32조 【전자적 업무수행 등】** ① 행정기관등의 장은 행정업무를 수행할 때 정보통신망을 이용한 온라인 영상회의 방식을 활용할 수 있다. 이 경우 행정기관등의 장은 원격지(遠隔地) 간 업무수행을 할 때에는 온라인 영상회의를 우선적으로 활용하도록 노력하여야 한다.

26 **전자정부법 제2조 【정의】** 이 법에서 사용하는 용어의 뜻은 다음과 같다.
1. "전자정부"란 정보기술을 활용하여 행정기관 및 공공기관(이하 "행정기관등"이라 한다)의 업무를 전자화하여 행정기관등의 상호 간의 행정업무 및 국민에 대한 행정업무를 효율적으로 수행하는 정부를 말한다.

27 정부 3.0은 박근혜 정부의 전자정부운영 비전임

28 전자정부의 기반 기술 패러다임은 인터넷에서 모바일 기술로, 다시 모바일 기술에서 유비쿼터스 컴퓨팅과 네트워크 기술로 진화하고 있음

Answer

16 ○	17 ✕	18 ○	19 ✕	20 ✕	21 ✕	22 ○	23 ○	24 ○	25 ○
26 ○	27 ✕	28 ✕							

29 대민서비스의 전자화 및 국민편익의 증진, 행정업무의 혁신 및 생산성·효율성의 향상, 정보시스템의 안전성·신뢰성의 확보, 개인정보 및 사생활의 보호, 행정정보의 공개 및 공동이용의 확대 등은 우리나라 전자정부법에 명시된 전자정부의 원칙에 해당한다. 2015 행정사 〔○〕〔×〕

30 "정보통신망"이란 「전기통신기본법」 제2조 제2호에 따른 전기통신설비를 활용하거나 전기통신설비와 컴퓨터 및 컴퓨터 이용기술을 활용하여 정보를 수집·가공·저장·검색·송신 또는 수신하는 정보통신체제를 말한다. 2021 행정사 〔○〕〔×〕

31 "정보자원"이란 행정기관등이 보유하고 있는 행정정보, 전자적 수단에 의하여 행정정보의 수집·가공·검색을 하기 쉽게 구축한 정보시스템, 정보시스템의 구축에 적용되는 정보기술, 정보화예산 및 정보화인력 등을 말한다. 2021 행정사 〔○〕〔×〕

32 사회자본은 사회구성원 간의 신뢰를 중시한다. 2015 행정사 〔○〕〔×〕

33 사회적 자본은 거래비용을 감소시키는 순기능이 있다. 2021 7급 국가직 〔○〕〔×〕

34 사회자본의 구성요소로 신뢰, 사회적 네트워크, 지역 금융이 있다. 2021 경찰간부 〔○〕〔×〕

29 **전자정부법 제4조【전자정부의 원칙】** ① 행정기관등은 전자정부의 구현·운영 및 발전을 추진할 때 다음 각 호의 사항을 우선적으로 고려하고 이에 필요한 대책을 마련하여야 한다.
1. 대민서비스의 전자화 및 국민편익의 증진
2. 행정업무의 혁신 및 생산성·효율성의 향상
3. 정보시스템의 안전성·신뢰성의 확보
4. 개인정보 및 사생활의 보호
5. 행정정보의 공개 및 공동이용의 확대 → 국민과의 소통과 협력을 확대하고, 24시간 행정서비스를 제공
6. 중복투자의 방지 및 상호운용성 증진 → 인터넷이나 DB기술 활용을 통해 부서 간 효율적인 정보교류가 가능한 정부 추구
② 행정기관등은 전자정부의 구현·운영 및 발전을 추진할 때 정보기술아키텍처를 기반으로 하여야 한다.

30 **전자정부법 제2조【정의】** 이 법에서 사용하는 용어의 뜻은 다음과 같다.
10. "정보통신망"이란 「전기통신기본법」 제2조 제2호에 따른 전기통신설비를 활용하거나 전기통신설비와 컴퓨터 및 컴퓨터 이용기술을 활용하여 정보를 수집·가공·저장·검색·송신 또는 수신하는 정보통신체제를 말한다.

31 **전자정부법 제2조【정의】** 이 법에서 사용하는 용어의 뜻은 다음과 같다.
11. "정보자원"이란 행정기관등이 보유하고 있는 행정정보, 전자적 수단에 의하여 행정정보의 수집·가공·검색을 하기 쉽게 구축한 정보시스템, 정보시스템의 구축에 적용되는 정보기술, 정보화예산 및 정보화인력 등을 말한다.

32 사회자본은 사회구성원 간에 형성되어 있는 신뢰 관계 등을 의미함

33 사회적 자본은 일반적으로 신뢰를 의미하는 바 거래비용을 감소시키는 순기능이 있음

34 사회자본의 핵심 구성요소로는 상호 신뢰, 믿음, 호혜적 규범, 자발적인 협력적 네트워크, 적극적 참여 등이 있음 (지역 금융×)

Answer
29 ○　　30 ○　　31 ○　　32 ○　　33 ○　　34 ×

Chapter 06 정부관 : 큰 정부와 작은 정부

01 신자유주의는 시장실패의 해결사 역할을 해오던 정부가 오히려 문제의 유발자가 되었다는 인식을 바탕으로 다시 시장을 통한 문제해결을 강조하며 '작은 정부'를 추구한다. 2013 9급 국가직　〔○〕〔×〕

02 신공공관리론은 작은 정부를 적극적으로 옹호하는 관점이다. 2020 9급 지방직　〔○〕〔×〕

03 조세 감면 확대는 진보주의에서 선호하는 정책이다. 2020 9급 군무원　〔○〕〔×〕

04 신자유주의는 고전적 자유주의와 달리 정치, 경제, 사회 모든 분야에서 개인의 자유를 공익을 위해 제한하자는 사상이다. 2021 경찰간부　〔○〕〔×〕

05 보수주의자는 기본적으로 자유시장을 불신하지만 정부를 신뢰한다. 2017 교행직　〔○〕〔×〕

06 1930년대 대공황을 겪으면서 최소의 정부가 최선의 정부라는 신념이 중요시되었다.
2017 교행직　〔○〕〔×〕

07 파킨슨 법칙(Parkinson's Law)에 따르면 새로운 행정수요에 관계없이 정부규모는 확장된다. 2006 9급 선관위　〔○〕〔×〕

08 전위효과는 사회혼란기에 공공지출이 상향 조정되며 민간지출이 공공지출을 대체하는 현상이다. 2009 7급 국가직　〔○〕〔×〕

09 파킨슨 법칙(Parkinson's Law)에 따르면 공무원의 규모는 업무량에 상관없이 증가한다. 2021 경찰간부　〔○〕〔×〕

10 정부의 규모팽창과 관련하여 '부하배증의 법칙'과 '업무배증의 법칙'은 각각 별개로 ⭕❌
작용하며 서로 영향을 미치지 않는다. 2013 9급 서울시

11 공무원의 수가 업무량에 관계없이 일정비율로 증가하는 현상을 파킨슨 법칙 ⭕❌
(Parkinson's Law)이라 한다. 2015 행정사

---

01 신자유주의는 작고 능률적인 정부를 지향하는 신공공관리론의 이념적 토대임

02 신공공관리론은 작고 능률적인 정부를 지향함

03 진보주의 정부는 규제와 활동을 증대하는 정부관에 해당함 ; 따라서 진보주의 정부에서는 조세 감면이 이루어지는 게 아니라 더 많은 조세를 거두고(정부규제 강화) 이를 바탕으로 소득재분배와 같은 소수민족의 기회를 확대를 지향함

04 신자유주의는 근대국가의 사상적 토대였던 고전적 자유주의와 마찬가지로 정치, 경제, 사회 모든 분야에서 개인의 자유를 최대한 보장하자는 정치철학임

05 보수주의자는 정부의 지나친 개입을 지양하는 바 시장을 신뢰하고 정부를 불신함

06 경제대공황을 겪으면서 작은 정부의 한계점이 드러나게 되었고, 이에 따라 큰 정부(최대의 봉사를 최선의 정부로 인식)가 등장함
※ 최소의 정부가 최선의 정부라는 표현은 19세기 입법국가의 정부관을 나타냄

07 파킨슨 법칙에 따르면 중요한 업무와 관계없이 공무원의 수가 증가함

08 전위효과는 사회혼란기에 공공지출이 상향 조정되며 공공지출이 민간지출을 대체하는 현상이다.

09 파킨슨 법칙(Parkinson's Law)에 따르면 공무원의 규모는 중요한 업무량에 상관없이 증가함

10 파킨슨 법칙은 두 가지 법칙이 상호작용, 즉 악순환하면서 공무원의 수가 증가하는 현상을 설명하고 있음

11 파킨슨 법칙은 공무원의 수가 중요한 업무량에 관계없이 일정비율로 증가하는 현상임

Answer

01 ⭕	02 ⭕	03 ❌	04 ❌	05 ❌	06 ❌	07 ⭕	08 ❌	09 ⭕	10 ❌
11 ⭕									

행정사
최욱진 행정학개론

PART

02

정책학

01 재분배정책, 분배정책, 규제정책, 구성정책은 로위가 분류한 정책유형에 해당한다. ☐○☐✕

2020 행정사

02 정부는 특정 전문지식과 자격을 갖춘 몇몇 개인이나 기업(집단)에게 특정한 기간 동안 사업을 할 수 있도록 허용하되 일정한 기간 후에는 자격조건을 재심사하도록 함으로써 경쟁력을 높이고, 공익을 위해서 서비스 제공에 대한 규정을 지키도록 하는 것은 리플리와 프랭클린(R. B. Ripley & G. A. Franklin)이 제시한 정책유형 중 경쟁적 규제정책에 해당한다. 2013 행정사 ☐○☐✕

03 리플리와 프랭클린(R. B. Ripley & G. A. Franklin)의 경쟁적 규제정책은 배분정책 과 규제정책의 성격을 동시에 지니고 있다. 2020 행정사 ☐○☐✕

04 국경일 제정, 국기 게양 등은 국민적 통합을 위하여 정치적인 목적으로 사용하는 상징정책의 예이다. 2020 행정사 ☐○☐✕

05 알몬드와 파우얼(G. Almond & B. Powell)은 정책을 배분, 규제, 재분배, 구성정책 으로 분류하였다. 2018 행정사 ☐○☐✕

06 로위(T. Lowi)의 재분배정책은 수혜자와 비용 부담자 간의 갈등이 없다는 점이 특 징이다. 2018 행정사 ☐○☐✕

07 로위(T. Lowi)가 주장하는 배분정책의 가장 큰 특징은 계급 대립의 성격을 지닌다 는 것이다. 2018 행정사 ☐○☐✕

08 리플리와 프랭클린(R. B. Ripley & G. A. Franklin)의 보호적 규제정책은 소수를 보호하기 위해 다수를 규제하는 정책이다. 2018 행정사 ☐○☐✕

09 입법부는 정책참여자 중 공식적 참여자에 해당한다. 2022 행정사 ☐O☐X☐

10 정책참여자 중 정당, 이익집단, 전문가집단, 시민단체, 언론은 비공식 참여자이다. ☐O☐X☐
2013 행정사 수정

11 정책공동체는 이슈네트워크에 비해 개방적이고 유동적인 네트워크로서의 특징을 ☐O☐X☐
지닌다. 2018 행정사

---

01 두문자 로재분규성

02 ※ 리플리와 프랭클린의 규제정책 유형

경쟁적 규제정책	다수의 경쟁자 중 특정 개인이나 집단에게 서비스 제공권을 부여하고 이들의 활동을 규제하는 정책	① 경쟁적 규제정책은 경쟁력 있는 특정인에게 정책을 집행할 수 있는 편익을 준다는 점에서 배분정책의 성격을, 경쟁력이 없는 주체를 정책집행에서 배제하기 때문에 규제정책의 성격을 동시에 지니고 있음 ② 예 TV, 라디오 방송권의 부여, 항공노선 취항권의 부여 등
보호적 규제정책	민간활동이 허용되는 조건을 설정함으로써 소수를 규제하여 일반 대중을 보호하는 정책	① 규제정책의 대부분은 보호적 규제정책에 해당하며, 보호적 규제정책은 일반대중 혹은 약자를 보호한다는 점에서 재분배정책에 가까운 성격을 지님 ② 소비자나 일반 대중을 보호하기 위해 특정 집단을 규제하므로 규제집행 조직과 피규제집단 간 갈등의 가능성이 높음 ③ 예 환경 오염방지를 위한 기업규제, 작업장 안전을 위한 기업규제, 국민 건강보호를 위한 식품위생규제, 최저임금제, 장시간 근로제한 등

03 리플리와 프랭클린의 경쟁적 규제정책은 특정인에게 서비스를 제공할 권한을 준다는 점에서 배분정책의 성격을 지니고 있으며, 그 외의 주체들은 서비스를 제공할 수 없도록 규제하기 때문에 규제정책의 성격을 동시에 지니고 있음

04

상징정책	국민 전체의 자긍심을 높이거나 국민적 통합을 위해 상징물을 지정하는 정책	예 88올림픽 · 2002월드컵 개최, 국가유산(남대문 · 광화문) 복원, 4대강 사업, 국경일(한글날) 제정, 국기 게양 등

05 알몬드와 파우얼은 정책을 분배정책, 규제정책, 추출정책, 상징정책으로 구분하였음

06 로위의 분배정책은 수혜자와 비용 부담자 간의 갈등이 없다는 점이 특징임 → 재분배정책은 계급대립적인 성향을 지니는 까닭에 부자와 빈자 간에 많은 갈등이 발생함

07 선지는 재분배정책에 대한 내용임

08 리플리와 프랭클린의 보호적 규제정책은 다수를 보호하기 위해 소수를 규제하는 정책임

09 입법부는 국정감사, 예산심의 등의 권한을 지니므로 정책참여자 중 공식적 참여자에 해당함

10 비공식 참여자에 '정당'이 포함된다는 것을 주의할 것

11 이슈네트워크는 정책공동체에 비해 개방적이고 유동적인 네트워크로서의 특징을 지님

Answer

01 O	02 O	03 O	04 O	05 ×	06 ×	07 ×	08 ×	09 O	10 O

11 ×

12 하위정부모형에서는 소수의 엘리트 행위자들이 특정 정책영역에서 정책결정을 지 ☐◯☐✕ 배하고 있다고 설명한다. 2018 행정사

13 철의 삼각(Iron Triangle) 모형에서 동맹을 형성하는 집단들은 이익집단, 행정기관, ☐◯☐✕ 의회 소관 위원회이다. 2015 행정사

14 단순하고 분명하게 정의된 하위정부의 경계와는 달리 이슈네트워크의 경계는 모호 ☐◯☐✕ 하다. 2018 행정사

15 조세 부과 및 징병은 상징정책에 해당한다. 2016 행정사 ☐◯☐✕

16 무의사결정은 정책의제 채택과정에서 일어날 뿐 정책결정과 집행과정에서는 일어 ☐◯☐✕ 나지 않는다. 2023 행정사

17 무의사결정론은 엘리트론을 비판하면서 다원론을 계승 발전시킨 신다원론적 이론 ☐◯☐✕ 이다. 2023 행정사

18 무의사결정론에서 정치적 행위자는 자신의 효용과 만족감을 최대화하기 위하여 합 ☐◯☐✕ 리적으로 행동한다. 2024 행정사

---

12 하위정부모형에서는 소수의 엘리트 행위자, 즉 이익집단, 의원, 관료 등이 특정 정책영역에서 정책결정을 지배하고 있다고 설명함

13 철의 삼각에서 정책참여자는 이익집단(시민단체✕), 행정기관, 의회 소관 위원회임

14 이슈네트워크는 다양한 참여자가 개입할 수 있는 네트워크이므로 하위정부에 비해 경계가 모호함

15 나열된 것은 추출정책에 대한 예시에 해당함→추출정책은 정부체제를 유지하기 위해서 인적, 물적 자원을 동원하는 정책임

16 무의사결정은 정책과정 전반에 걸쳐서 발생할 수 있음

17 무의사결정론은 다원론을 비판하면서 등장한 신엘리트론에 해당함

18 무의사결정론은 비합리적 정책결정모형에 포함됨

Answer

12 ◯ 13 ◯ 14 ◯ 15 ✕ 16 ✕ 17 ✕ 18 ✕

02 정책의제설정

01 외부주도형은 공중의제화를 억제하기 때문에 일종의 음모형에 해당한다. 2021 행정사 ☐○☐✕

02 동원형은 사회문제가 정부의제로 먼저 채택되고, 정부의 의도적인 노력에 의해서 공중의제로 확산되는 경우를 말한다. 2021 행정사 ☐○☐✕

03 내부접근형은 고위 의사결정자 등에 의해 정부의제가 먼저 설정되고 정책순응을 확보하기 위해 다각적인 홍보 등을 거쳐 최종적으로 정책의제로 채택되는 유형이다. 2017 행정사 ☐○☐✕

04 외부주도형은 다원화되고 민주화된 선진국 정치체제에서 많이 나타나는 유형이다. 2017 행정사 ☐○☐✕

05 위기나 재난 등 극적 사건은 사회문제를 정부의제화시키는 점화장치에 해당된다. 2021 행정사 ☐○☐✕

06 정책의제설정은 정책이해관계자, 이슈가 되는 정책문제, 문제를 논의하는 제도적 환경 등 복합적인 관계의 영향을 받지 않는다. 2022 행정사 ☐○☐✕

---

01 내부접근형은 공중의제화를 억제하기 때문에 일종의 음모형에 해당함 → 행정 PR ✕

02 동원형은 사회문제 → 정부의제 → 공중의제의 순서로 의제가 채택되는 과정을 설명하는 모델임

03 선지는 동원형에 대한 내용임 → 내부접근형은 음모형이므로 정책홍보를 하지 않음

04 외부주도형의 경우 일반적으로 국민이 정책의제설정을 주도하므로 외부주도형은 다원화되고 민주화된 선진국 정치체제에서 많이 나타나는 유형임

05 극적 사건은 국민의 관심을 제고하는바 사회문제를 정부의제화시키는 점화장치에 해당함

06 정책의제설정은 정부가 해결할 문제를 선택하는 행위이므로 그 과정에서 다양한 요인의 영향을 받음

Answer
01 ✕   02 ○   03 ✕   04 ○   05 ○   06 ✕

07 국민적 관심과 집결도가 높거나 특정 사회 이슈에 대해 정치인의 관심도가 클수록 ☐○☐✕
정책의제화될 가능성이 높다. 2022 행정사

08 정책의제화를 요구하는 집단의 규모와 영향력이 클수록 정책의제화될 가능성이 ☐○☐✕
높다.
2022 행정사

09 사회문제는 개인의 문제가 다수로부터 공감을 얻게 되어 많은 사람의 문제로 인식 ☐○☐✕
된 상태를 의미한다. 2012 7급 지방직

10 정책의제설정은 다양한 사회문제 중 특정한 문제가 정부의 정책에 의해 해결되기 ☐○☐✕
위해 하나의 의제로 채택되는 과정이다. 2013 8급 국회직

11 공공의제(public agenda)는 일반대중의 주목을 받을 가치는 있으나, 아직 정부가 문 ☐○☐✕
제해결을 하는 것이 정당한 것으로 인정되지 않는 상태를 말한다. 2012 7급 지방직

12 내부접근형은 대중의 지지를 획득하기 위한 공중의제화 과정이 없다는 점에서 공중 ☐○☐✕
의제화 과정을 거치는 동원형과 다르다. 2015 7급 서울시

13 외부주도형은 외부집단이 주도하여 정책의제 채택을 정부에게 강요하는 경우로 허 ☐○☐✕
쉬만(Hirshman)이 말하는 '강요된 정책문제'에 해당한다. 2016 7급 지방직

14 킹던(J. W. Kingdon)의 정책의 창(정책흐름) 모형은 정책과정 중 정책의제설정 단 ☐○☐✕
계에 초점을 맞춘 모형이다. 2015 7급 국가직

15 사회문제의 성격이나 그 해결방안에 대하여 논란이 벌어지면 공중의제가 된다. ☐○☐✕
2011 7급 서울시

07 사회적 유의성이나 정치인의 관심도가 높을수록 정책의제화될 가능성이 큼

08 의제화를 요구하는 집단의 크기 및 영향력은 정책의제화에 영향을 미칠 수 있음

09 사회문제는 일부 소수가 아니라 많은 사람과 관련성이 있는 문제를 의미함

10 정책의제설정은 특정한 사회문제를 정부가 해결하겠다고 공식적으로 밝히는 것임

11 공공의제(public agenda, 공중의제)는 일반대중의 관심과 주의를 받을 만한 가치를 지니고 있으며 정부가 개입하여 문제를 해결하는 것이 정당하다고 인정되는 사회문제를 의미함

12 내부접근형은 음모형이므로 공중의제화 과정을 거치지 않음

13 허쉬만에 따르면 외부주도형에서 정해진 정책의제는 '국민에 의해 강요된 정책의제'임

14 킹던의 정책의 창 모형은 의제설정 기회가 어떻게 열리는지를 설명한 모델임

15 사회문제의 성격이나 그 해결방안에 대하여 논란이 벌어지면 사회적 이슈가 됨

Answer

07 ○   08 ○   09 ○   10 ○   11 ×   12 ○   13 ○   14 ○   15 ×

03 정책분석 : 합리모형

01 선택적 익명, 식견 있는 다수의 참여, 양극화된 통계처리, 구조화된 갈등유도 등은 ⃞○⃞✕
정책델파이 기법의 특징에 해당한다. 2021 행정사

02 미헬스(R. Michels)의 과두제 철칙(iron law of oligarchy)은 목표의 추가 현상을 설 ⃞○⃞✕
명한 것이다. 2020 행정사

03 목표가 달성되었거나 달성이 불가능한 경우 본래의 목표를 새로운 목표로 교체하는 ⃞○⃞✕
것이 목표의 승계이다. 2020 행정사

04 목표의 전환(diversion)은 애초에 설정된 목표를 달성할 수 없거나 목표가 완전히 ⃞○⃞✕
달성된 경우 같은 유형의 다른 목표로 교체되는 것을 말한다. 2018 7급 지방직

05 미국의 소아마비 재단이 20년간의 활동 끝에 소아마비 예방백신의 개발 목표가 달 ⃞○⃞✕
성되자, 관절염과 불구아 출생의 예방 및 치료라는 새로운 목표를 채택하였다면 이
는 목표의 승계현상을 설명한 것이다. 2010 경정승진

06 원래의 목표가 다른 목표로 전환되는 것이 목표의 대치 또는 전환이다. 2020 행정사 ⃞○⃞✕

01 정책델파이 기법 : 정책에 대한 전문가 혹은 이해관계자가 초기에는 익명성을 보장하는 델파이 방법을 사용하다가 2차로 공개적인 토론을 하는 기법(선택적 익명성)→공개토론 과정에서 의견 차이가 드러나도록 유도함(양극화된 통계처리)

02 미헬스의 과두제 철칙(iron law of oligarchy)은 집권화를 설명하는 이론임→많은 의사결정 권한이 조직의 상층부에 집중되면, 이를 바탕으로 사익추구를 할 수 있는 바 본래의 목표가 아닌 다른 목표를 추구할 수 있음 ; 따라서 미헬스의 과두제 철칙은 목표의 대치 혹은 전환을 설명할 수 있음
※ 목표의 추가 : 기존의 목표 + 새로운 목표→동종목표의 수 또는 이종목표가 늘어나는 것

03	목표의 승계	① 본래의 목표를 이루거나 표방한 목표를 달성할 수 없을 때, 새로운 목표를 설정 후 조직이 존속하는 것 ; 혹은 본래 표방한 목표를 달성할 수 없거나 조직목표를 달성하였을 때, 새로운 목표(같은 유형의 다른 목표)를 발견하여 선택하는 것 ② 목표의 승계는 조직의 항구성 형성에 기여함→즉, 정부조직은 목표의 승계를 통해 조직을 존속시키는 경향이 있다는 것 ③ 미국의 소아마비 재단이 20년간의 활동 끝에 소아마비 예방백신의 개발 목표가 달성되자, 관절염과 불구아 출생의 예방 및 치료라는 새로운 목표를 채택하는 경우 등

04 해당 선지는 목표의 승계에 대한 내용임→목표의 전환 : 조직의 본래 목표를 망각하고 목표를 달성하기 위한 수단이 목표로 바뀌거나 본래 목표를 새로운 목표(예 사익추구)로 전환하는 현상

05 목표의 승계 : 본래의 목표를 이루거나 표방한 목표를 달성할 수 없을 때, 새로운 목표를 설정 후 조직이 존속하는 것 ; 혹은 본래 표방한 목표를 달성할 수 없거나 조직목표를 달성하였을 때, 새로운 목표(같은 유형의 다른 목표)를 발견하여 선택하는 것

06 목표의 대치에 대한 지문이 나오면 일반적으로 '본래의 목표를 이루거나 표방한 목표를 달성할 수 없을 때'라는 표현이 나오지 않음

Answer

01 ○   02 ×   03 ○   04 ×   05 ○   06 ○

04 정책결정

01 사이버네틱스모형은 사전에 설정된 고차원 목표의 극대화를 추구한다. 2019 행정사 ☐O☐X

02 사이버네틱스모형에서 의사결정자는 처리할 수 없는 문제에 직면할 경우 표준운영 ☐O☐X
절차(SOP)를 수정·변경·추가하면서 문제를 해결한다. 2019 행정사

03 합리모형에서 말하는 합리성은 정치적 합리성이다. 2017 행정사 ☐O☐X

04 에치오니(A. Etzioni)는 규범적이지만 비현실적인 합리모형과 현실적이지만 보수적 ☐O☐X
인 점증모형을 절충한 모형을 제시하였다. 2017 행정사

05 점증모형은 정책결정자의 직관이나 판단력, 창의력 등 초합리적인 요소를 중시하는 ☐O☐X
규범적·처방적 모형이다. 2016 행정사

06 점증모형은 정치적 다원주의 입장에서 이해관계자들의 타협과 조정을 통해 정책결 ☐O☐X
정이 이루어지는 현상을 설명한다. 2016 행정사

07 쓰레기통모형은 의사결정의 네 가지 요소인 정책문제, 해결방안, 참여자, 선택기회 ☐O☐X
가 초기부터 서로 강한 상호작용을 통하여 나타나는 의사결정을 설명한다. 2015 행정사

08 쓰레기통모형은 쿠바 미사일 위기에 따른 미국 정부의 정책결정 과정을 설명하기 ☐O☐X
위해서 고안되었다. 2014 행정사

09 쓰레기통모형은 조직화된 무정부상태(organized anarchy)에서 이루어지는 의사결 ☐O☐X
정을 설명한다. 2015 행정사

10 쓰레기통모형은 코헨(M. Cohen), 마치(J. March), 올슨(J. Olson)이 정립한 모형이다. ☐O☐X
2015 행정사

11 쓰레기통모형은 고도로 불확실한 조직상황하에서의 정책결정양태를 설명한다. ○ ✕
2024 행정사

12 점증모형은 실제의 결정상황에 기초한 현실적이고 기술적인 모형이다. 2017 행정사 ○ ✕

13 엘리슨모형은 정책결정모형을 합리모형, 조직과정모형 및 관료정치모형 등으로 구 ○ ✕
성하고 있다. 2014 행정사 수정

---

01 사전에 설정된 고차원 목표의 극대화(최선의 대안 선택)를 추구하는 것은 합리모형에 가까운 내용임

※ 사이버네틱스모형은 불확실성을 인정하는 바 변수의 단순화를 추구하며, SOP에 의한 결정을 통해 시간과
비용을 아끼되, 불확실성에 대응하기 위해 적응적인 변화(표준운영절차(SOP)를 수정·변경·추가)를 지향함

02 사이버네틱스모형은 의사결정자가 큰 불확실성에 직면했을 때 기존의 표준운영절차를 수정하면서 설정된 목표
를 달성하는 현상을 설명함

03 합리모형에서 말하는 합리성은 경제적 합리성 혹은 완전한 합리성임; 정치적 합리성은 점증모형의 특징에 해당함

04 에치오니는 규범적이지만 비현실적인 합리모형과 현실적이지만 보수적인 점증모형을 절충한 혼합주사모형을
제시하였음

05 최적모형은 정책결정자의 직관이나 판단력, 창의력 등 초합리적인 요소를 중시하는 규범적·처방적 모형임

06 점증모형은 사람 간 합의를 통해 기존의 결정을 변경함→정치적 합리성을 중시하는 모형

07 쓰레기통모형은 의사결정의 네 가지 요소인 정책문제, 해결방안, 참여자, 선택기회가 상호독립적인 상태로 존재
하다가 우연한 사건에 의해 비합리적인 결정이 이루어지는 현상을 설명함

08 엘리슨모형은 쿠바 미사일 위기에 따른 미국 정부의 정책결정을 설명하기 위해서 고안되었음

09 쓰레기통모형은 수시적 참여자, 불명확한 기술, 불분명한 선호 등으로 구성된 조직화된 무정부상태(organized
anarchy)에서 이루어지는 비합리적 의사결정을 설명하고 있음

10 두문자 쓰레기통은 냄새나니까 코끌(코헨 등)이 찜해!

11 쓰레기통모형은 불확실한 조직상황하에서 집단의 비합리적 결정을 상술하고 있음

12 점증모형은 인지적인 모델(인간의 인지능력 한계를 인정하는 모델)이므로 실제의 결정상황에 기초한 현실적이
고 기술적인 모형임

13 엘리슨모형은 정책결정모형을 합리모형, 조직과정모형(회사모형의 특징 반영) 및 관료정치모형(쓰레기통모형
특징 반영) 등으로 구성한 뒤 이를 쿠바 미사일 위기 사건에 적용함

Answer

| 01 ✕ | 02 ○ | 03 ✕ | 04 ○ | 05 ✕ | 06 ○ | 07 ✕ | 08 ✕ | 09 ○ | 10 ○ |
| 11 ○ | 12 ○ | 13 ○ | | | | | | | |

14 관료정치모형은 의견이 동일한 관리자들이 연합하여 최종해결안을 선택하고, 토론 $\boxed{\bigcirc}\boxed{\times}$
과 협상을 매우 중요시 한다. 2024 행정사

15 합리모형에서는 의사결정자가 정책결정에 있어서 주관적이고 감정적인 요소를 배 $\boxed{\bigcirc}\boxed{\times}$
제하고 합리성에 근거하여 정책을 결정한다. 2014 행정사

16 지난 30년간 자료를 중심으로 전국의 자연재난 발생현황을 개략적으로 파악한 다 $\boxed{\bigcirc}\boxed{\times}$
음, 홍수와 지진 등 두 가지 이상의 재난이 한 해에 동시에 발생한 지역을 중심으로
다시 면밀하게 관찰하여 정책을 결정하는 것은 혼합탐사모형을 활용한 방법이다.
2020 9급 국가직

17 최적모형은 기존의 계량적 분석뿐만 아니라 직관적 판단에 의한 결정도 중요하다고 $\boxed{\bigcirc}\boxed{\times}$
본다. 2021 소방간부

18 혼합탐사모형에서 정책결정은 근본적인 결정과 세부적인 결정의 지속적인 상호작 $\boxed{\bigcirc}\boxed{\times}$
용에 의해 이루어진다. 2012 9급 서울시

19 회사모형은 갈등의 준해결, 문제 중심의 탐색, 불확실성의 회피, 조직의 학습, 표준 $\boxed{\bigcirc}\boxed{\times}$
운영절차(SOP)의 활용 등을 특징으로 한다. 2018 7급 국가직

20 점증주의모형은 현상유지를 옹호하므로 보수적이라는 비판을 받고 있다. 2020 9급 지방직 $\boxed{\bigcirc}\boxed{\times}$

21 엘리슨모형 중 합리모형(Model I)은 표준운영절차(SOP)의 중요성을 강조하였다. $\boxed{\bigcirc}\boxed{\times}$
2021 경정승진

22 사이먼(H. A. Simon)은 결정자의 인지능력의 한계, 상황의 불확실성 및 시간의 제 $\boxed{\bigcirc}\boxed{\times}$
약 때문에 제한적 합리성 하에서 결정이 이루어진다고 주장한다. 2017 행정사

14 엘리슨모형 중 관료정치모형은 상이한 목표와 정보 및 자원을 가지고(의견이 동일한 ×) 정책결정에 참여하는 여러 행위자들의 정치적인 타협과 흥정을 통해 비합리적 정책결정이 이루어지는 현상을 설명함

15 합리모형에서는 의사결정자가 주관적이고 감정적인 요소를 배제하고 경제적 합리성에 근거하여 정책을 결정함

16 애치오니가 주장한 혼합탐사모형은 기본적인 방향의 설정을 목적으로 하는 근본적 결정을 내리는 데는 고도의 합리성을 추구하는 합리모형을 적용(나무보다는 숲을 개괄적으로 파악)하고, 기본방향이 설정된 후에 특정 문제에 대한 세부적이고 현실적인 결정을 함에 있어서는 점증모형을 적용(숲보다는 나무를 자세하게 파악)하여 양자를 절충한 모형임

17 최적모형은 기존의 계량적 분석뿐만 아니라 직관적 판단, 즉 초합리성도 중요하다고 봄

18 혼합탐사모형은 정책결정에 두 모형, 즉 합리모형(근본적인 결정에 사용)과 점증모형(세부적인 결정에 적용)을 모두 활용함 → 혼합주사모형에서 정책결정은 근본적인 결정과 세부적인 결정의 지속적인 상호작용에 의해 이루어짐

19 회사모형의 특징은 아래와 같음

① 갈등의 준해결(잠정적 해결): 조직 내 갈등의 완전한 해결은 불가능하며 타협적 준해결에 그침 → 조직 내 하위 조직 사이의 상이한 목표로 인한 갈등은 일반적으로 협상을 통해 해결
② 문제 중심의 탐색: 정책결정능력의 한계 → 관심이 가는 문제를 중심으로 대안을 탐색
③ 불확실성 회피: 단기적인 전략 추구, 타협을 통해 예측이 가능한 결정 선호
④ 조직의 학습: 조직의 학습은 반복적인 의사결정의 경험이 전수되는 과정이므로 시간의 흐름에 따라 결정수준이 개선되고 목표달성도가 높아지게 됨
⑤ 표준운영절차(SOP: Standard Operation Procedure) 수립: 의사결정자의 경험 축적을 통해 효율적인 결정절차(SOP)를 마련함 → 느슨하게 연결된 하위 조직체들이 표준운영절차를 통해 적응적인 의사결정을 함

20 점증모형은 기존의 결정을 조금씩 수정함; 즉 점증모형은 기존의 결정을 완전히 버리는 것은 아니므로 보수적인 특징을 지님

21 표준운영절차(SOP)의 중요성을 강조한 것은 조직과정모형(모델 II)임

22 사이먼은 한정된 정보, 즉 제한된 합리성을 최초로 명명한 학자임

Answer

14 ×	15 ○	16 ○	17 ○	18 ○	19 ○	20 ○	21 ×	22 ○

01 정책집행모형 중 상향식 접근은 선거직 공무원에 의한 정책결정과 책임이라는 민주 주의의 기본가치를 충실하게 반영한다. 2015 행정사 ☐○☐×

02 정책집행모형 중 상향식 접근은 정책집행과정에 대해 정확하게 이해하기 위해서 일 선집행관료와 대상 집단의 행태를 고찰한다. 2015 행정사 ☐○☐×

03 사바티어(Sabatier)의 정책지지연합모형에 따르면 신념체계에서 규범적 핵심이나 정책핵심의 변화가 쉽게 나타나지 않기 때문에 정책목표와 수단에 급격한 변화를 가져오는 근본적 정책변동은 용이하지 않다. 2019 행정사 ☐○☐×

04 정책집행연구 중 하향적 접근은 집행에 영향을 주는 집행관료와 이해관계집단 등 다양한 행위자들의 생각과 상호작용을 현장감 있게 분석할 수 있다. 2021 행정사 ☐○☐×

05 하향적 정책집행은 집행과정에서 현장을 강조하고 재량권을 부여한다. 2016 9급 교행직 ☐○☐×

06 하향적 접근방법은 명확한 정책목표와 그 실현을 위한 정책수단을 가지고 있다는 가정을 한다. 2011 7급 지방직 ☐○☐×

07 상향식 접근은 공식적인 정책목표가 중요한 변수로 취급되므로 집행실적의 객관적 평가가 용이하다. 2018 8급 국회직 ☐○☐×

08 상향식 접근은 정책문제를 둘러싸고 있는 행위자들의 동기, 전략, 행동, 상호작용 등에 주목하며 일선 공무원들의 전문지식과 문제해결 능력을 중시한다. 2015 8급 국회직 ☐○☐×

09 상향식 접근방법은 일선 공무원들에게 권한과 재량이 주어지기 때문에 주인-대리 인 이론에서 발생하는 문제를 최소화시킬 수 있다. 2007 8급 국회직 ☐○☐×

10 정책변동을 설명하는 모형 중에서 정책하위체제라는 분석단위에 초점을 두고 정책의 변화를 이해하며, 정책변화과정을 이해하기 위해서는 10년 이상이라는 장기간이 필요하다고 설명하는 모형은 정책지지연합모형(advocacy coalition model)이다.

2011 7급 서울시

11 하위직보다는 고위직이 주도하며 정책결정자는 정책집행에 영향을 미치는 정치적·조직적·기술적 과정을 충분히 통제할 수 있다는 것은 정책집행의 하향식 접근(top-down approach)에 대한 설명이다. 2020 9급 지방직

12 하향식 접근은 정책이 정책집행 현장의 상황에 맞게 적응적으로 운영되어야 한다.

2021 소방간부

---

01 정책집행모형 중 상향식 접근은 일선 공무원의 재량적 결정을 인정하는 바 선거직 공무원에 의한 정책결정과 책임이라는 민주주의의 기본가치를 충실하게 반영할 수 없음

02 상향식 접근과 연관된 학자들은(⑳ 립스키) 집행 현장에서 공무를 직접 집행하는 공무원 등의 행동을 고찰함

03 사바티어의 정책지지연합모형은 정책참여자의 신념체계가 쉽게 변하지 않는다는 것을 강조하면서 정책의 점진적 변동을 설명하는 모델임

04 집행현장의 현장감을 상세히 분석할 수 있는 것은 상향식 접근에 해당함

05 상향식 정책집행은 집행과정에서 현장을 강조하고 재량권을 부여함

06 하향적 접근방법은 결정자가 집행과정에 대한 정보를 바탕으로 명확한 정책목표와 그 실현을 위한 정책수단을 가지고 있다는 가정을 함

07 하향식 접근은 공식적인 정책목표가 중요한 변수로 취급되므로 집행실적의 객관적 평가가 용이함

08 상향식 접근은 정책문제를 둘러싸고 있는 행위자들의 동기, 전략, 행동, 상호작용 등에 주목하며 재량권을 보유하고 있는 일선 공무원들의 전문지식과 문제해결 능력을 중시함

09 상향식 접근방법은 일선 공무원들에게 권한과 재량이 주어지기 때문에 주인-대리인 이론에서 발생하는 문제를 촉진할 수 있음

10 선지는 사바티어의 정책지지연합모형에 대한 내용임

11 하향식 접근은 정책결정자가 정한 내용대로 일선 공무원이 기계적으로 순응하는 현상을 설명하고 있음

12 선지는 상향식 접근에 대한 내용임 ; 하향식 접근은 정책목표와 정책수단 간의 인과관계를 확보해야 하므로 집행현장에서 정책이 일관성 있게 집행되어야 함

Answer

01 ×	02 ○	03 ○	04 ×	05 ×	06 ○	07 ×	08 ○	09 ×	10 ○
11 ○	12 ×								

13 정책옹호연합모형에 따르면 정책학습을 통해 행위자들의 기저 핵심 신념을 쉽게 변화시킬 수 있다. 2021 9급 지방직 ⬜✖️

14 나카무라와 스몰우드(Nakamura & Smallwood)의 정책집행자 유형 중 관료적 기업가형은 정책의 대략적인 방향을 정책결정자가 정하고 정책집행자들은 이 목표의 구체적인 집행에 필요한 폭넓은 재량권을 위임받아 정책을 집행하는 유형이다. ⬜✖️
2015 9급 서울시

15 관료적 기업가형은 정책결정자가 정책목표를 구체적으로 설정하지만, 정책집행자도 정책목표 달성에 필요한 행정적 권한을 보유한다. 따라서 정책집행자도 상당한 재량을 행사할 수 있다. 2013 경찰간부 ⬜✖️

16 나카무라와 스몰우드(Nakamura & Smallwood)의 정책모형 중 정책집행자의 권한이 가장 강한 유형은 관료적 기업가형이다. 2021 소방간부 ⬜✖️

17 나카무라와 스몰우드(Nakamura & Smallwood)의 집행가 모형 중 정책결정자가 세부적인 정책내용까지 결정하며, 정책집행자들은 상세한 부분에 대해 아주 제한된 부분의 재량권만 인정받고 정책목표 달성을 위해 노력하는 것은 '고전적 기술자형'이다. 2022 행정사 ⬜✖️

18 하향식 모델은 정책집행 현장에서 집행조직과 정책사업 사이의 상호적응을 강조한다. ⬜✖️
2022 행정사

19 하향식 접근에 따르면 정책이 추구하는 목표를 분명히 하고, 정책결정자의 의도를 정확히 이해할수록 정책은 보다 효과적으로 집행될 수 있다. 2022 행정사 ⬜✖️

20 하향식 접근은 정책이 결과물을 창출하는 과정에서 정책결정자가 어떤 역할을 했는지에 관심이 있다. 2022 행정사 ⬜✖️

21 나카무라와 스몰우드(Nakamura & Smallwood)가 제시한 정책집행자의 유형 중 정책집행자가 정책결정자의 결정권을 장악하고 정책과정 전반을 지배하는 유형은 고전적 기술자형이다. 2023 행정사 ⬜✖️

13 사바티어에 따르면 정책학습을 통해 행위자들의 기저 핵심 신념을 변화시킬 수 있으나, 이는 오랜 시간을 요구함 → 따라서 정책참여자의 신념체계는 쉽게 변화시킬 수 없음

14 나카무라와 스몰우드의 정책집행자 유형 중 재량적 기업가형은 정책의 대략적인 방향을 정책결정자가 정하고 정책집행자들은 이 목표의 구체적인 집행에 필요한 폭넓은 재량권을 위임받아 정책을 집행하는 유형임

15 지시적 위임가형은 정책결정자가 정책목표를 구체적으로 설정하지만, 정책집행자도 정책목표 달성에 필요한 행정적 권한을 보유한다. 따라서 정책집행자도 상당한 재량을 행사할 수 있음

16 나카무라와 스몰우드의 정책모형 중 관료적 기업가형은 집행자가 추상적·구체적 목표설정권한, 행정적 권한, 기술적 권한 등을 보유하고 있음

17 집행자가 아주 제한된 부분의 재량권만 인정받는 것(권한이 거의 없는 상태)은 고전적 기술자형임

18 선지는 상향식에 대한 내용임 → 하향식 접근에서 정책은 변하지 않고 유지되어야 함

19 하향식 접근에서 정책은 결정자에 의해 구체적이고 명료하게 설정됨

20 하향식 접근은 결정자 관점, 상향식은 집행자 관점의 모델임

21 선지는 관료적 기업가형에 대한 내용임 → 고전적 기술자형은 집행자의 권한이 가장 적은 유형임

Answer

| 13 × | 14 × | 15 × | 16 ○ | 17 ○ | 18 × | 19 ○ | 20 ○ | 21 × |

Chapter

06 정책평가

01 성숙요인은 내적타당성을 저해할 수 있다. 2018 행정사 ☐○☐✕

02 내적타당성은 정책변수의 효과에 대한 결론을 일반화시킬 수 있는 범위를 의미한다. ☐○☐✕
2018 행정사

03 준실험이 진실험보다 내적타당성과 외적타당성이 더 높다. 2018 행정사 ☐○☐✕

04 준실험설계는 실험집단과 통제집단의 동질성을 확보하여야 한다. 2019 행정사 ☐○☐✕

05 허위변수는 두 변수 간에 전혀 관계가 없는데도 인과관계가 있는 것처럼 보이게 하 ☐○☐✕
는 제3의 변수이다. 2019 행정사

06 총괄평가는 정책집행이 이루어지는 과정을 평가하는 활동으로 형성평가라고도 한다. ☐○☐✕
2021 행정사

07 총괄평가는 주로 내부 평가자에 의해 수행되며, 평가결과를 환류하여 최종안을 개 ☐○☐✕
선하는 것이 목적이다. 2016 7급 국가직

08 총괄평가는 정책이 집행되고 난 후에 인과관계의 경로를 검증 및 확인하고 정책이 ☐○☐✕
사회에 미친 영향을 추정하는 판단활동이다. 2009 9급 국가직

09 통제집단 사전사후측정설계는 정책평가를 위한 조사설계의 유형 중 진실험설계에 ☐○☐✕
해당한다. 2020 7급 지방직

10 진실험(true experiment)과 준실험(quasi-experiment)의 차이는 실험집단과 통제집 ☐○☐✕
단의 무작위배정에 의한 동질성 확보여부이다. 2020 7급 국가직

11 준실험(quasi-experiment)은 무작위배정에 의해 실험집단과 통제집단의 동등화를 꾀할 수 없을 때 사용하는 설계이다. 2021 경정승진

12 시간적 선행성, 공동변화, 제3의 변수 배제 등은 인과관계의 조건에 해당한다. 2020 9급 지방직

13 신뢰성은 측정도구의 타당성을 담보할 수 있는 충분조건이다. 2020 9급 국가직

---

01 성숙요인은 시간의 흐름에 따라 표본의 특성이 변화하여 실험결과에 악영향을 주는 요인이며, 이는 내적타당성을 저해하는 내재적 요인에 해당함

02 외적타당성은 정책변수의 효과에 대한 결론을 일반화시킬 수 있는 범위를 의미함

03 준실험이 진실험보다 외적타당성은 높지만, 내적타당성은 낮음

04 진실험설계는 완벽한 실험설계이므로 무작위배정을 통해 실험집단과 통제집단의 동질성을 확보하여야 함

05 허위변수는 독립변수와 종속변수 간 허위관계(거짓 관계)를 만들어내는 변수임

06 과정평가는 정책집행이 이루어지는 과정을 평가하는 활동으로 형성평가라고도 함; 총괄평가는 정책집행이 종료된 후에 정책이 의도한 목적, 정책의 성과나 효과를 평가하는 것임

07 총괄평가는 주로 외부 평가자에 의해 수행되며, 평가결과를 환류하여 최종안을 개선하는 것이 목적임

08 총괄평가는 정책이 집행되고 난 후에 정책이 사회에 미친 영향을 추정하는 판단활동임
※ 선지에서 인과관계의 경로 검증을 빼야 함

09 진실험설계는 무작위배정을 통한 표본의 동질성 확보, 실험집단과 통제집단의 존재, 내적타당성 저해요인 통제 등을 구현한 완벽한 실험임 → 진실험설계는 동질적 통제집단 설계 혹은 (동질적) 통제집단 사전사후측정설계로 불리기도 함

10 진실험은 완벽한 실험이므로 무작위배정을 통해 표본의 동질성을 확보한 실험임

11 준실험은 무작위배정에 의해 표본의 동질성을 온전하게 확보할 수 없을 때 사용하는 실험임

12 인과관계의 성립 조건
① 시간적 선행성(Time order) : 독립변수는 종속변수보다 시간적으로 선행해야 함
② 공동변화(Association) : 독립변수가 변하면 종속변수도 일정한 패턴으로 변화해야 함
③ 제3의 변수 통제 : 인과관계를 규명하는 데 방해되는 변수를 찾은 후에 통제해야 함

13 ① 신뢰성은 타당성의 필요조건에 해당함
② 신뢰성(측정의 일관성)이 확보된다고 해서 타당성(측정의 정확성)을 확보할 수 있는 건 아님; 즉, 일관되게 틀릴 수도 있다는 것

Answer

01 ○	02 ×	03 ×	04 ×	05 ○	06 ×	07 ×	08 ×	09 ○	10 ○
11 ○	12 ○	13 ×							

14 검사요인은 사전측정을 경험한 실험 대상자들이 측정내용에 대해 친숙해지거나 학 $\boxed{\bigcirc}\boxed{\times}$
습 효과를 얻음으로써 사후측정 때 실험집단의 측정값에 영향을 주는 효과이다.
2021 9급 지방직

15 실질적인 정책내용이 변하더라도 정책목표가 변하지 않는다면 이를 정책유지라 한다. $\boxed{\bigcirc}\boxed{\times}$
2020 9급 국가직

16 정책목표를 달성하기 위한 전반적인 정책수단을 소멸시키고 이를 대체할 다른 정책 $\boxed{\bigcirc}\boxed{\times}$
을 마련하지 않는 것을 정책종결이라 한다. 2020 9급 국가직

17 정책목표는 유지하면서 정책수단을 새로운 수단으로 대체하는 것은 정책승계이다. $\boxed{\bigcirc}\boxed{\times}$
2014 9급 사복

18 정책패러다임변동모형은 홀(Hall)에 의해 제시된 정책변동모형으로 정책목표, 정책 $\boxed{\bigcirc}\boxed{\times}$
수단, 정책환경의 세 가지 변수 중 정책의 목표와 정책수단에 급격한 변화가 발생하
는 현상을 설명한 모델이다. 2016 9급 지방직

19 통계적 결론의 타당성은 연구에 사용된 측정도구가 이론적 구성개념과 일치하는 정 $\boxed{\bigcirc}\boxed{\times}$
도를 의미한다. 2018 행정사

14 시험효과(측정요인 · 검사요인 · 실험효과)
① 유사실험의 반복 → 조사집단의 실험에 대한 친숙도 ↑ → 결과 왜곡
② 실험 대상자들이 사전측정의 내용에 대해 친숙(유사실험의 반복)하게 되어 사후 측정값이 달라지는 것
③ '눈에 띄지 않는 관찰' 방법 등으로 통제할 수 있음 → 눈에 띄지 않는 관찰이란 피실험자의 실험 친숙도 혹은 실험에 대한 학습의 정도를 피실험자가 눈치채지 못하도록 실험자가 파악하는 것임

15 정책유지는 정책의 목표가 변하지 않으면서 정책의 범위 등을 조정하는 것이지(완만한 변화), 실질적인 정책을 바꾸는 게 아님; 실질적인 정책을 바꾸는 것은 정책승계에 해당함

16 정책종결: 정책목표를 달성하기 위한 전반적인 정책수단을 소멸(기존의 정책 소멸)시키고 이를 대체할 다른 정책을 마련하지 않는 것

17 정책승계: 정책목표는 유지하면서 정책의 기본적인 골자를 변화시키는 것임(실제 정책과정에서 가장 많이 나타나는 유형); 기존의 정책 → 새로운 정책

18 정책패러다임변동모형은 정책목표와 수단에 급격한 변화가 나타나는 현상을 설명한 모델임

19 선지는 구성타당성에 대한 내용임 → 구성타당도: 추상적인 개념을 정확하게 측정한 정도

`Answer`

14 ○   **15** ×   **16** ○   **17** ○   **18** ○   **19** ×

행정사
최욱진 행정학개론

01 수평적 복잡성은 조직 내 수직적 계층의 수를 의미한다. 2018 행정사 ☐○☐×

02 공식화 정도가 높을수록 업무의 예측가능성이 높아진다. 2018 행정사 ☐○☐×

03 의사결정의 권한이 상위층에 집중된 경우 집권화된 조직이라고 한다. 2018 행정사 ☐○☐×

04 공식화 수준이 높은 경우, 조직구성원들의 행동이 정형화되어 그들에 대한 통제가 ☐○☐× 어려워진다. 2016 행정사

05 공식화 수준이 너무 높으면, 업무처리에 있어서 조직구성원의 자율성과 창의성이 ☐○☐× 저해되기도 한다. 2016 행정사

06 조직구성원이 규칙과 절차의 합리성 및 효율성에 대해 신뢰하고 있을 때 조직구조 ☐○☐× 의 분권화가 촉진된다. 2022 행정사

07 조직의 구조적 특성에서 복잡성은 조직의 분화 정도를 의미하며, 단위 부서 간에 ☐○☐× 업무를 세분화하는 것을 수직적 분화라고 한다. 2015 7급 지방직

08 복잡성은 조직이 얼마나 나누어지고 흩어져 있는가의 분화 정도를 말하며, 수평 ☐○☐× 적·수직적·공간적 분화 등으로 세분화할 수 있다. 2014 7급 국가직

09 공식화의 수준이 높을수록 조직구성원들의 재량이 증가한다. 2013 9급 지방직 ☐○☐×

10 부서 간 횡적 조정이 어려운 경우 조직의 분권화가 필요하다. 2020 7급 군무원 ☐○☐×

01 조직 내 수직적 계층의 수를 의미하는 것은 수직적 복잡성임 → 수평적 복잡성은 업무의 수를 뜻함

02 규칙의 수가 많을수록(공식화 정도가 높을수록) 업무의 예측가능성이 높아짐

03 집권화는 의사결정권이 조직의 상층부에 집중된 정도를 의미함

04 공식화 정도가 높을수록 구성원의 행동은 정형화되어서 그들의 행동을 통제하기가 쉬워짐

05 조직을 규율하는 규칙의 수가 지나치게 많으면 조직구성원의 자율성과 창의성이 저해됨

06 구성원이 규칙과 절차에 대해 신뢰하고 있는 것은 '안정적인 상황(불확실성 낮음)'을 의미함 → 이는 기계적 구조와 친한 표현이므로 집권화가 촉진될 수 있음

07 조직의 구조적 특성에서 복잡성은 조직의 분화 정도를 의미하며, 단위 부서 간에 업무를 세분화하는 것을 수평적 분화라고 함

08 복잡성은 분화의 정도를 나타내며, 업무의 수(수평적 분화), 계층의 수(수직적 분화), 사람 및 시설이 퍼진 정도(공간적 분화)로 세분할 수 있음

09 공식화(표준화의 정도)의 수준이 높을수록 조직구성원들의 재량은 감소함

10 부서 간 횡적 조정이 어려운 경우에는 상관에 의한 조정이 필요하므로 집권화가 요구되는 상황임

Answer

01 ×	02 ○	03 ○	04 ×	05 ○	06 ×	07 ×	08 ○	09 ×	10 ×

조직유형론

01 매트릭스 조직은 단일한 명령 및 보고체제를 갖고 있다. 2017 행정사 ☐○☐✕

02 매트릭스 조직은 불안정한 환경에 적절하게 대응하지 못한다. 2017 행정사 ☐○☐✕

03 매트릭스 조직은 인력 활용의 측면에서 비용 부담이 크다. 2015 행정사 ☐○☐✕

04 팀제는 조직구성원들의 신속한 의사결정을 저해시킨다. 2014 행정사 ☐○☐✕

05 팀제는 조직의 인력을 신축적으로 운영하고, 실무차원에서 팀장 및 팀원의 권한을 ☐○☐✕
향상시킨다. 2014 행정사

06 수평구조는 수직적 계층과 부서 간 경계를 실질적으로 제거하고 의사소통을 원활하 ☐○☐✕
게 만든 유기적 구조이다. 2017 행정사

07 사업구조는 특정 산출물별로 운영되므로 고객만족도 제고 및 성과관리에 유리하다. ☐○☐✕
2017 행정사

08 조직구조모형을 유기적인 성격이 약한 것에서부터 강한 것의 순서로 배열하면, 기 ☐○☐✕
능구조 < 사업구조 < 수평구조 < 매트릭스구조 < 네트워크구조의 순으로 배열할
수 있다. 2012 7급 국가직

09 애드호크라시(Adhocracy)는 낮은 수준의 수평적 분화와 높은 수준의 수직적 분화 ☐○☐✕
가 특징이다. 2007 7급 대전

10 사업구조는 기능구조에 비해 성과책임의 소재가 분명해 성과관리체제에 유리하다. ☐○☐✕
2010 9급 서울시

11 매트릭스 조직은 기능 중심의 수직적 계층구조에 수평적 조직구조를 결합한 조직으로 명령통일의 원리에 부합한다. 2020 7급 지방직 ○✕

12 매트릭스 조직은 기능(functional)구조와 사업(project)구조의 통합을 시도한다. 2020 9급 지방직 ○✕

13 모호한 책임관계는 유기적(organic) 구조의 조직 특징이다. 2023 행정사 ○✕

---

01 매트릭스 조직은 이중의 명령 및 보고체제를 갖고 있음

02 매트릭스 조직은 유기적인 구조이므로 불안정한 환경에 적절하게 대응할 수 있음

03 매트릭스 조직은 기능구조에서 필요한 인력을 보전하므로 인력 활용의 측면에서 비용 부담이 적음

04 팀제는 분권적인 의사결정구조를 활용하여 일선 조직구성원들의 신속한 의사결정을 촉진할 수 있음

05 팀제는 유기적 구조이므로 분권화된 의사결정체계를 지님

06 수평구조(팀제)는 탈관료제이므로 수직적 계층과 부서 간 경계를 실질적으로 제거하고 의사소통을 원활하게 만든 유기적 구조임

07 사업구조는 독립적인 사업 단위로 운영됨 → 각 사업구조는 순이익과 같은 매출을 명시할 수 있는 바 성과관리에 유리함

08 조직구조모형을 유기적인 성격이 약한 것에서부터 강한 것의 순서로 배열하면, 기능구조 < 사업구조 < 매트릭스구조 < 수평구조 < 네트워크구조의 순으로 배열할 수 있음 → 두문자 대기²업이 매수했네유

09 애드호크라시는 낮거나 높은 수준의 수평적 분화와 낮은 수준의 수직적 분화가 특징임

10 사업구조는 특정 사업을 중심으로 조직을 편성하는 바 기능구조에 비해 성과관리체제에 유리함

11 매트릭스 조직은 기능 중심의 수직적 계층구조(기능구조)에 수평적 조직구조(사업구조)를 결합한 조직임 ; 이는 구성원에 대한 이원적 권한체계를 지닌 조직이므로 명령통일의 원칙에 위배됨

12 매트릭스 조직은 기능(functional)구조와 사업(project)구조를 절충했기 때문에 이원적 권한체계를 지님

13 유기적 구조는 기계적 구조에 비해 세세한 분업을 지양함

Answer

01 ✕ 02 ✕ 03 ✕ 04 ✕ 05 ○ 06 ○ 07 ○ 08 ✕ 09 ✕ 10 ○
11 ✕ 12 ○ 13 ○

조직관리기법

01 리엔지니어링은 조직 내 부서별 고도 분업화에 따른 폐단을 극복하기 위한 방안으로 등장하였다. 2014 행정사 ☐◯☐✕

02 리엔지니어링의 궁극적인 목적은 성과 향상과 고객만족의 극대화에 있다. 2014 행정사 ☐◯☐✕

03 리엔지니어링에는 조직 및 인력 감축이 필수적이다. 2014 행정사 ☐◯☐✕

04 균형성과표는 거시적 · 장기적 측면의 조직문화 형성보다는 순익과 같은 미시적 · 단기적 목표와 계획 및 전략에 초점을 둔다. 2014 행정사 ☐◯☐✕

05 균형성과표는 과정과 결과 및 조직 내 · 외부적 관점 중 어느 하나보다는 통합적 균형을 추구한다. 2014 행정사 ☐◯☐✕

06 하버드 대학교의 Kaplan & Norton 교수는 그동안의 성과평가가 재무적 관점에만 치우쳐져 있다는 점을 지적하면서, 여기에 비재무적 관점을 포함할 것을 주장하였다. 2017 경찰간부 ☐◯☐✕

07 균형성과표(BSC)는 재무적 정보 외에 고객, 내부절차, 학습과 성장 등 조직 운영에 필요한 관점을 추가한 것이다. 2021 9급 지방직 ☐◯☐✕

08 목표관리제는 업무환경이 가변적이고 불확실성이 큰 환경에서 성공하기 쉽다. 2010 9급 지방직 ☐◯☐✕

09 목표관리제(MBO)는 가시적 · 단기적 목표보다 거시적 · 장기적 목표에 대한 조직 구성원들의 관심을 유도하는 데 도움을 준다. 2004 행정고시 ☐◯☐✕

10 TQM의 관심은 내향적이어서 고객의 필요에 따라 목표를 설정하는 것을 강조한다. 2014 7급 지방직 ☐◯☐✕

01 리엔지니어링은 조직 내 복잡한 절차를 근본적으로 줄이는 절차의 재설계기법임

02 리엔지니어링은 신공공관리론의 영향으로 등장한 모형임

03 리엔지니어링은 필수적으로 조직이나 인력을 줄이는 것이 아니라 복잡한 절차를 근본적으로 줄이는, 절차의 재설계기법임

04 균형성과표는 특정 부분이 아닌 균형 있는 조직관리를 추구함

05 균형성과표는 균형 있는 조직관리 및 성과관리를 지향함

06 하버드 대학교의 Kaplan & Norton 교수는 그동안의 성과평가가 재무적 관점에만 치우쳐져 있다는 점을 지적하면서, 비재무적 관점을 조직관리에 포함시킨 BSC를 제안하였음

07 균형성과표(BSC)는 균형 있는 성과관리를 위해 재무적 정보 외에 고객, 내부절차, 학습과 성장 등 비재무적 관점을 조직 운영에 추가한 것임

08 목표관리제는 구체적인 목표를 설정한 후 이를 달성하고자 하므로 업무환경이 가변적이고 불확실성이 큰 환경에서는 성공하기 어려움

09 목표관리제(MBO)는 거시적·장기적 목표(추상적인 목표)보다 가시적·단기적 목표(측정가능하고 단기적인 목표)에 대한 조직구성원들의 관심을 유도하는 데 도움을 줌

10 TQM의 관심은 외향적이어서 고객의 필요에 따라 목표를 설정하는 것을 강조함

Answer

| 01 ○ | 02 ○ | 03 × | 04 × | 05 ○ | 06 ○ | 07 ○ | 08 × | 09 × | 10 × |

04 조직구조 안정화 메커니즘 : 리더십을 중심으로

01 리더십 행동이론에 따르면 훈련에 의해 효과적인 리더를 양성할 수 있다. 2018 행정사 ⃝⨉

02 리더십 상황론은 상황에 따라 리더십의 효과성이 달라진다는 시각에서 리더의 행동 ⃝⨉
을 파악한다. 2018 행정사

03 특성론적 접근은 리더의 지적 능력을 중요시하지 않는다. 2013 9급 서울시 ⃝⨉

04 상황론적 리더십 연구에서는 모든 조직에 적용할 수 있는 가장 효과적인 지도자 유 ⃝⨉
형은 존재하지 않는다고 본다. 2010 7급 지방직

05 리더십 연구의 행태론적 접근은 리더의 행위에 초점을 둔다. 2013 9급 서울시 ⃝⨉

06 행태론적 리더십은 어떤 사람이든 리더가 될 수 있으며, 리더십을 훈련할 수 있다고 ⃝⨉
가정했다. 2014 경찰간부

07 행태이론은 리더의 자질보다 리더의 행태적 특성이 조직성과에 영향을 미친다고 본다. ⃝⨉
2015 9급 지방직

08 일방적으로 지시만 하지 않고, 조직구성원이 창의성을 발휘하도록 지적인 자극을 ⃝⨉
주는 것은 변혁적 리더십과 연관된 내용이다. 2017 행정사

09 변혁적 리더십은 지도자와 부하들 간의 합리적·타산적 교환관계를 중시한다. ⃝⨉
2015 행정사

10 변혁적 리더십은 변화를 지향하고 체제 개방적이다. 2015 행정사 ⃝⨉

11 리더십의 유형 중 변혁적(transformational) 리더십의 특성에는 영감적 동기부여, ⃝⨉
자유방임, 지적 자극, 개별적 배려 등이 있다. 2020 7급 국가직

12 카리스마적 리더십, 영감적 리더십, 개별적 배려, 합리적 과정은 베스(Bass) 등이 제시한 변혁적 리더십의 주된 요소이다. 2010 9급 국가직 ○ ✕

13 변혁적 리더십은 적응보다 조직의 안정을 강조한다. 2021 9급 지방직 ○ ✕

14 거래적 리더십은 보수적·현상유지적이라는 평가를 받기도 한다. 2018 경찰간부 ○ ✕

15 변혁적 리더십에서 리더는 부하의 욕구와 직무수행에 필요한 자원을 정확히 파악하여 그에 대한 보상과 지원을 제공하고, 부하는 그에 상응하는 노력을 통하여 리더가 제시한 과업목표를 달성한다. 2013 7급 국가직 ○ ✕

---

01 리더십 행동이론에 따르면 리더는 훈련에 의해 후천적으로 양성될 수 있음

02 리더십 상황론은 상황에 맞는 리더의 행동을 강조함

03 특성론적 접근은 리더의 타고난 지적 능력을 중시함

04 상황론적 리더십론은 상황에 맞는 리더의 행동을 규명하는 까닭에 모든 조직에 적용할 수 있는 가장 효과적인 지도자 유형은 존재하지 않는다는 관점임

05 행태론적 접근은 조직의 생산성을 제고할 수 있는 리더행동을 규명하려는 모델임

06 리더십 행태론에 따르면 리더는 훈련에 의해 후천적으로 양성될 수 있음

07 행태이론은 리더의 타고난 자질보다 리더의 후천적 행태적 특성이 조직성과에 영향을 미친다고 봄

08 변혁적 리더십은 구성원의 변화를 유도하고자 구성원에게 지적인 자극을 부여함

09 거래적 리더십은 지도자와 부하들 간의 합리적·타산적 교환관계를 중시함

10 변혁적 리더십은 변화하는 환경에 적응하고자 변화를 추구함; 아울러 환경을 고려하는 바 개방체제적 관점임

11 자유방임은 변혁적 리더십의 특징이 아님 → 변혁적(transformational) 리더십의 특성에는 영감적 동기부여(비전 제시 및 공유), 카리스마적 리더십, 지적 자극(촉매적 리더십), 개별적 배려 등이 있음

12 카리스마적 리더십, 영감적 리더십, 개별적 배려, 지적 자극은 베스 등이 제시한 변혁적 리더십의 주된 요소임; 합리적 과정은 거래적 리더십의 특징에 해당함

13 선지는 거래적 리더십에 대한 내용임

14 거래적 리더십은 기계적 구조에 적합한 리더십이므로 보수적·현상유지적이라는 평가를 받기도 함

15 선지는 거래적 리더십에 대한 내용임

Answer

| 01 ○ | 02 ○ | 03 ✕ | 04 ○ | 05 ○ | 06 ○ | 07 ○ | 08 ○ | 09 ✕ | 10 ○ |
| 11 ✕ | 12 ✕ | 13 ✕ | 14 ○ | 15 ✕ | | | | | |

Chapter 05 사람, 그리고 일에 대하여 : 사람, 동기부여 및 학습을 중심으로

01 욕구충족요인이원론에서 위생요인은 주로 생리적 욕구, 안전욕구 등을 만족시키는 요인들이다. 2021 행정사 ☐○ ☐✕

02 욕구충족요인이원론에서 모든 욕구는 충족되면 동기부여로 이어진다. 2021 행정사 ☐○ ☐✕

03 인정감은 욕구충족요인이원론에서 허즈버그(Herzberg)가 제시한 위생요인에 해당한다. 2020 행정사 ☐○ ☐✕

04 보수는 욕구충족요인이원론에서 허즈버그(Herzberg)가 제시한 동기요인에 해당한다. 2016 행정사 ☐○ ☐✕

05 허즈버그(Herzberg)의 욕구충족요인이원론은 동기부여 과정이론에 해당한다. 2018 행정사 ☐○ ☐✕

06 브룸(Vroom)의 기대이론은 동기부여이론 중 과정이론에 해당한다. 2018 행정사 ☐○ ☐✕

07 브룸(Vroom)의 기대이론에서 '유의성'은 개인의 행동이 일정 수준 이상의 성과를 가져올 것이라는 믿음이다. 2021 경정승진 ☐○ ☐✕

08 브룸(Vroom)의 기대이론에서 기대감은 특정 결과는 특정한 노력으로 인해 나타날 수 있다는 가능성에 대한 개인의 신념으로 통상 주관적 확률로 표시된다. 2021 9급 국가직 ☐○ ☐✕

09 허즈버그(Herzberg)에 의하면, 만족의 반대는 불만족이 아니고 만족이 없는 상태이며, 불만족의 반대는 만족이 아니라 불만족이 없는 상태라고 한다. 2011 경찰간부 ☐○ ☐✕

10 허즈버그(Herzberg)의 욕구충족요인이원론에서 불만요인은 개인의 불만족을 방지 ◯ ☒
하는 효과를 가져오는 요인으로서 충족되면 만족감을 갖게 되어 동기가 유발된다.
2016 7급 서울시

11 허즈버그(Herzberg)의 욕구충족요인이원론에서 원만한 대인관계를 유지하는 것은 ◯ ☒
동기요인과 관계가 깊다. 2010 9급 국가직

12 허즈버그(Herzberg)의 욕구충족요인이원론에 따르면 보수는 매우 중요한 동기요인 ◯ ☒
이다. 2013 7급 서울시

PART 03

---

01 위생요인은 주로 하위욕구, 즉 생리적 욕구, 안전욕구 등을 만족시키는 요인임

02 허즈버그에 따르면 동기요인을 충족하면 동기부여로 이어짐(위생요인은 불만족 감소)

03 직무수행에 기인한 상사로부터의 인정감은 위생요인이 아니라 만족요인에 해당함

04 보수는 욕구충족요인이원론에서 허즈버그가 제시한 위생요인에 해당함

05 허즈버그의 욕구충족요인이원론은 동기부여 내용이론에 해당함

06 브룸의 기대이론은 동기부여이론 중 인간의 동기부여 과정을 구조화한 과정이론에 해당함

07 선지는 기대감에 대한 내용임; 유인가는 성과 혹은 보상에 대한 선호를 의미함

08 브룸에 따르면 기대감은 특정한 노력으로 성과를 달성할 수 있다는 주관적인 믿음임

09 허즈버그는 불만족과 만족을 다른 차원의 개념으로 간주함

10 허즈버그의 욕구충족요인이원론에서 불만요인은 개인의 불만족을 방지하는 효과를 가져오는 요인이며, 동기요인이 충족되면 만족감을 갖게 되어 동기가 유발됨

11 허즈버그의 욕구충족요인이원론에서 원만한 대인관계를 유지하는 것은 위생요인임

12 허즈버그의 욕구충족요인이원론에 따르면 보수는 위생요인에 해당함

Answer

01 ◯	02 ☒	03 ☒	04 ☒	05 ☒	06 ◯	07 ☒	08 ◯	09 ◯	10 ☒
11 ☒	12 ☒								

13 매슬로우(A. Maslow)의 욕구 5단계이론에 의하면 먼저 충족되어야 할 욕구는 존경의 욕구나 자기실현의 욕구이다. 2011 7급 서울시 ◯ ☒

14 매슬로우(A. Maslow)에 따르면 근로자는 하위욕구가 100% 충족되어야 상위욕구를 추구하기 시작한다고 본다. 2004 9급 부산 ◯ ☒

15 앨더퍼(C. Alderfer)의 ERG이론은 머슬로의 욕구 5단계이론과 달리, 욕구 추구는 분절적으로 일어날 수도 있지만, 두 가지 이상의 욕구를 동시에 추구하기도 한다고 주장하였다. 2019 7급 서울시 추가 ◯ ☒

16 앨더퍼(C. Alderfer)의 ERG이론은 인간의 욕구를 계층화한 점에서는 머슬로(A. Maslow)와 공통된 견해를 지니고 있다. 2023 행정사 ◯ ☒

---

13 매슬로우의 욕구 5단계이론에 의하면 먼저 충족되어야 할 욕구는 생리적 욕구나 안전욕구임

14 매슬로우에 따르면 근로자는 하위욕구가 어느 정도 충족되어야 상위욕구를 추구하기 시작한다고 봄

15 앨더퍼에 따르면 욕구 추구는 하위욕구부터 순차적으로 일어날 수도 있지만, 인간은 두 가지 이상의 욕구를 동시에 추구하기도 함

16 앨더퍼는 인간의 욕구를 존재, 관계, 성장욕구로 분류했으며, 머슬로는 생리적 욕구, 안전욕구, 사회적 욕구, 존경에 대한 욕구, 자아실현욕구로 구분함

Answer ◆ ────────────────────────────────

13 ☒   14 ☒   15 ◯   16 ◯

Chapter 06 조직이론: 조직이론의 전개를 중심으로

01 신고전적 조직이론은 호손실험연구 등을 포함한 인간관계학파가 대표적이다. ○ ×

2021 9급 국회직

02 고전적 조직이론은 과학적 관리론과 관료제 등이 대표적이다. 2021 9급 국회직 ○ ×

03 신고전적 조직이론은 인간의 조직 내 사회적 관계와 더불어 조직과 환경의 관계를 ○ × 중점적으로 다루었다. 2014 9급 국가직

04 신고전적 조직이론은 조직 내 사회적 능률을 강조하고, 조직의 비공식적 구조나 요 ○ × 인에 초점을 둔다. 2022 7급 국가직

05 현대적 조직이론은 환경과 상호작용하는 개방적·동태적·유기적 조직을 강조한다. ○ ×

2022 7급 국가직

06 현대적 조직이론은 조직발전을 위해 조직의 변동과 갈등을 전적으로 억제한다. ○ ×

2024 행정사

---

01 신고전적 조직이론은 관리주의를 비판하면서 등장한 인간주의를 뜻함

02 과학적 관리론과 관료제 등은 관리주의를 상징하는 바 고전적 조직이론에 해당함

03 신고전적 조직이론은 행정이론에서 인간관계론을 의미함; 인간관계론은 조직의 생산성 제고를 위해 사회심리적 요인의 중요성을 강조했으나, 조직 외부의 환경적 요인은 고려하지 못했다는 점에서 관리주의와 공통점을 지니고 있음

04 신고전적 조직이론은 '인간관계론'이므로 올바른 선지임

05 왈도에 따르면 현대적 조직이론은 개방체제 관점이므로 선지는 올바른 내용임

06 현대적 조직이론은 조직변화를 강조함

Answer

01 ○   02 ○   03 ×   04 ○   05 ○   06 ×

07 고전적 조직이론은 공조직과 사조직의 관리는 완전히 다르다는 공사행정이원론에 ☐☒
입각하고 있다. 2015 9급 국회직

08 고전적 조직이론은 연대적으로 19세기말부터 1930년대까지 나타난 조직이론들을 ☐☒
지칭한다. 2013 경찰간부

09 신고전적 조직이론은 메이요(Mayo) 등에 의한 호손(Hawthorne) 공장 실험에서 시 ☐☒
작되었다. 2015 9급 지방직

10 신고전적 조직이론은 계층적 구조와 분업을 중시한다. 2015 9급 서울시 ☐☒

11 고전적 조직이론에는 과학적 관리론, 지식관리론, 관료제론 등이 해당한다. ☐☒
2013 경찰간부

---

07 고전적 조직이론은 공사행정일원론에 입각하고 있음

08 고전적 조직이론은 관리주의를 의미하므로 올바른 선지임

09 신고전적 조직이론은 '인간관계론'이므로 올바른 선지임

10 고전적 조직이론에 대한 내용임

11 고전적 조직이론에는 과학적 관리론, 관료제론 등이 해당함(지식관리론×)

Answer

07 ×	08 ○	09 ○	10 ×	11 ×

MEMO

행정사
최욱진 행정학개론

인사행정

01 인사행정의 기초

01 우리나라는 엽관주의적 성격의 공직임용을 허용하지 않고 있다. 2018 행정사 ☐O☐X

02 엽관주의는 당파성이나 정치적 요인을 기준으로 공직임용이 이루어진다. 2018 행정사 ☐O☐X

03 펜들턴법과 4년 임기법으로 미국의 엽관주의가 더욱 강화되었다. 2009 9급 국회직 ☐O☐X

04 엽관주의는 공직 경질을 통하여 관료의 특권화와 침체화를 방지할 수 있다. 2005 9급 경북 ☐O☐X

05 실적주의는 개인의 능력이나 실적을 기준으로 임용한다. 2019 행정사 ☐O☐X

06 실적주의는 국민에 대한 관료의 대응성을 높일 수 있다는 장점이 있다. 2014 9급 국가직 ☐O☐X

07 직업공무원제도는 계급제, 일반능력자 중심의 임용, 신분보장 등을 토대로 한다. ☐O☐X
2021 행정사

08 직업공무원제도는 일반행정가보다는 전문행정가 양성을 목표로 한다. 2022 행정사 ☐O☐X

09 직업공무원제도는 폐쇄적 임용으로 인해 공직분위기의 침체를 야기할 수 있다. ☐O☐X
2022 행정사

10 직업공무원제는 젊고 우수한 인재가 공직을 직업으로 선택해 일생을 바쳐 성실히 ☐O☐X
근무하도록 운영하는 인사제도이다. 2019 9급 지방직

11 직업공무원제는 폐쇄적 임용을 통해 공무원집단의 보수화를 예방하고 전문행정가 ☐O☐X
양성을 촉진한다. 2019 9급 지방직

12 직업공무원제는 대체로 실적주의를 전제로 하며, 전문가주의를 지향하고 있다. ○✕
2009 9급 지방직

13 대표관료제는 국민에 대한 대응성과 공직임용의 사회적 형평성을 제고시키려는 목 ○✕
적을 지닌 제도이다. 2021 행정사

14 대표관료제는 공직사회 내부 구성원 상호 간 견제를 통하여 내적 통제를 강화한다. ○✕
2017 행정사

PART 04

01 우리나라는 장·차관급 등 주요 고위직에 엽관주의적 인사를 허용하고 있음
02 엽관주의는 정당에 대한 충성도, 즉 당파성이나 정치적 요인을 기준으로 공무원을 채용함
03 펜들턴법은 실적주의에 해당하는 내용임
04 엽관주의는 공무원의 신분보장을 하지 않으므로 공직 경질을 통하여 관료의 특권화와 침체화를 방지할 수 있음
05 실적주의는 개인의 능력이나 실적, 즉 시험성적 등을 기준으로 공무원을 임용함
06 일반적으로 관료의 대응성을 높일 수 있는 인사행정제도는 엽관주의 혹은 대표관료제임
07 직업공무원제도는 계급제, 일반능력자 중심의 임용, 신분보장, 폐쇄형 등을 토대로 함
08 직업공무원제도는 폐쇄형·일반행정가·정년보장을 특징으로 하는 인사행정제도임
09 직업공무원제도는 외부의 전문가를 조직의 중간 계층에 충원하지 않는 바 공직분위기 침체를 야기할 수 있음
10 직업공무원제는 어리고 잠재성 있는 인재가 공직을 직업으로 선택해 일생을 바쳐 성실히 근무하도록 운영하는 인사행정제도임
11 직업공무원제는 폐쇄적 임용으로 인해 공무원집단이 보수화되고, 전문행정가의 양성을 저해할 수 있음→직업공무원제도는 일반행정가 양성에 기여함
12 직업공무원제는 대체로 실적주의를 전제로 하며, 일반행정가주의를 지향하고 있음
13 대표관료제는 다양한 계층을 고르게 충원하므로 국민에 대한 대응성과 공직임용의 사회적 형평성을 제고시키려는 목적을 지닌 제도임
14 대표관료제는 다양한 계층을 고르게 충원하는 바 공직사회 내부 구성원 상호 간 견제를 통하여 내적 통제를 강화할 수 있음

Answer
01 ✕ 02 ○ 03 ✕ 04 ○ 05 ○ 06 ✕ 07 ○ 08 ✕ 09 ○ 10 ○
11 ✕ 12 ✕ 13 ○ 14 ○

15 대표관료제는 최근 우리나라 공공부문에 도입된 제도로서 다양한 계층의 공직진출을 확대하기 위한 방안으로 양성평등채용목표제, 장애인의무고용제, 지역인재추천채용제 등을 실시하고 있다. 2014 행정사 　○×

16 인사혁신처는 인사행정의 공정성을 제고하기 위한 독립합의형 대통령 직속기관이다. 2022 행정사 　○×

17 비독립단독형 중앙인사기관은 인사정책의 결정이 지나치게 지연되는 경우가 많다. 2012 8급 국회직 　○×

18 1948년 정부수립 이후 우리나라 중앙인사기관은 비독립단독제 형태를 유지하여 오고 있다. 2024 행정사 　○×

19 중앙인사기관은 행정수반으로부터의 독립성과 다수 위원들의 협의에 의한 의사결정을 하는 합의성 등을 기준으로 유형화할 수 있다. 2024 행정사 　○×

---

15 대표관료제는 최근 우리나라 공공부문에 도입된 제도로서 다양한 계층의 공직진출을 확대하기 위한 방안임→ 대표관료제는 우리나라에서 균형인사정책으로 불림

16 인사혁신처는 비독립 · 단독형이며, 국무총리 소속이다.

17 선지는 독립합의형 위원회형의 단점에 해당함→ 위원회형은 다수의 합의를 지향하기 때문에 인사정책의 결정이 지나치게 지연되는 경우가 많음

18 1999년에 설치(김대중 정권)되었던 중앙인사위원회는 비독립합의형 중앙인사기관임

19 중앙인사기관은 행정부 소속 여부(독립성 여부)와 의사결정방식(단독형 여부)에 따라 구분됨

Answer

15 ○　　16 ×　　17 ×　　18 ×　　19 ○

02 공직구조의 형성

01 계급제는 사람의 특성에 따라, 직위분류제는 직무의 특성에 따라 공직을 분류한다. ☐○☐✕
2016 행정사

02 계급제는 공무원의 신분보장과 직업공무원제 확립에 유리하며, 직위분류제는 인력
활용의 융통성을 높여 준다. 2016 행정사 ☐○☐✕

03 계급제는 공무원 간의 협력이 원활하게 이루어지기 어렵다. 2014 7급 서울시 ☐○☐✕

04 계급제 하에서 인적자원의 이동은 수평적·탄력적으로 이루어지지만, 직위분류제
하에서는 수평적 이동이 곤란하다. 2021 경정승진 ☐○☐✕

05 직위분류제는 장기적인 발전 가능성이나 잠재력을 중시하는 직업공무원제의 수립에
유용하다. 2017 행정사 ☐○☐✕

06 우리나라는 직위분류제를 근간으로 하면서 계급제적 요소를 부분적으로 도입하고
있다. 2016 행정사 ☐○☐✕

---

01 계급제는 사람의 일반적 특성에 따라, 직위분류제는 직무의 특성에 따라 공직체계를 분류함

02 계급제는 공무원의 신분보장과 직업공무원제 확립에 유리하며, 인력활용의 융통성을 높여줌
※ 직위분류제는 전문행정가를 지향하므로 조직 내 인력활용의 융통성이 계급제에 비해 부족함

03 계급제는 일반행정가를 지향하는 바 공무원 간의 협력이 원활하게 이루어지기 용이함

04 계급제는 일반행정가를 지향하므로 인적자원의 이동이 수평적·탄력적으로 이루어지지만, 직위분류제는 전문행정가를 추구하는 바 인적자원의 수평적 이동이 곤란함

05 계급제는 장기적인 발전 가능성이나 잠재력을 중시하는 직업공무원제의 수립에 유용함

06 우리나라는 계급제를 근간으로 하면서 직위분류제적 요소를 부분적으로 도입하고 있음

Answer
01 ○   02 ×   03 ×   04 ○   05 ×   06 ×

07 직무급은 직무가 지니는 상대적 가치를 평가하여 임금을 결정하는 보수체계이다. ☐O☐X
　　　　2019 행정사

08 우리나라 「국가공무원법」에는 직위분류제 주요 구성개념인 '직위, 직군, 직렬, 직류, ☐O☐X
　　　직급' 등이 제시되어 있다. 2019 9급 서울시

09 직군은 동일 직렬 내에서 담당 직책이 유사한 직무의 군이다. 2016 9급 국가직 ☐O☐X

10 직무의 종류는 유사하나 곤란성과 책임도의 정도가 상이한 직급의 군은 직렬이다. ☐O☐X
　　　　2014 경찰간부

11 개방형 직위는 해당 기관 내·외부의 공무원 중에서 직무수행 적격자를 선발·임용 ☐O☐X
　　　하는 제도이다. 2018 행정사

12 특수경력직 공무원은 특정직 공무원과 정무직 공무원으로 구성된다. 2016 9급 국회직 ☐O☐X

13 고위공무원단은 고위직의 개방을 확대하고 경쟁을 촉진하기 위한 제도이다. 2022 행정사 ☐O☐X

14 감사원 사무차장은 특수경력직 공무원에 포함된다. 2020 행정사 ☐O☐X

15 고위공무원단에 소속된 공무원은 계급이 없는 대신 담당직무의 등급에 따라 그 지 ☐O☐X
　　　위가 결정된다. 2016 행정사

16 직군(職群)이란 직무의 종류, 곤란성과 책임도가 상당히 유사한 직위의 군을 말한다. ☐O☐X
　　　　2023 행정사

17 경력직 공무원은 실적과 자격에 의해 임용되며 신분이 보장된다. 2024 행정사 ☐O☐X

18 선거에 의해 취임하는 공무원은 경력직 공무원이다. 2024 행정사 ☐O☐X

07 직무급은 직무의 난이도를 토대로 임금을 결정하는 보수체계임

08 직위분류제 구성개념은 우리나라 국가공무원법에 명시되어 있음

09 직류는 동일 직렬 내에서 담당 직책이 유사한 직무의 군임

10 **국가공무원법 제5조 【정의】** 이 법에서 사용하는 용어의 뜻은 다음과 같다.
8. "직렬(職列)"이란 직무의 종류가 유사하고 그 책임과 곤란성의 정도가 서로 다른 직급의 군을 말한다.

11 공모직위는 해당 기관 내·외부의 공무원 중에서 직무수행 적격자를 선발·임용하는 제도임
※ 개방형 직위: 공무원과 민간 경력자 중에서 직무수행 적격자를 선발·임용하는 제도

12 특수경력직 공무원은 별정직 공무원과 정무직 공무원으로 구성됨

13 고위공무원단은 직위분류제를 적용하는 과정에서 도입한 제도임

14 감사원 사무차장은 경력직 공무원에 포함됨(경력직 공무원 중 일반직 공무원)

15 고위공무원단은 직무등급에 따라 가급과 나급으로 구분됨

16 선지는 직급에 대한 내용임 → 직군은 유사한 직렬의 묶음을 의미함

17 경력직 공무원은 실적주의와 직업공무원제도의 적용을 받는 공무원임 → 즉, 실적과 자격에 의해 임용되고 직업공무원제도의 적용을 받아 정년이 보장됨

18 선거에 의해 취임하는 공무원은 정무직 공무원이며, 정무직 공무원은 특수경력직에 해당함

Answer

07 ○	08 ○	09 ×	10 ○	11 ×	12 ×	13 ○	14 ×	15 ○	16 ×
17 ○	18 ×								

03 공무원 임용 및 능력 발전

01 시보 공무원은 일종의 교육훈련 과정으로 교육에만 전념할 수 있도록 정규 공무원 ○✕
   과 동일하게 공무원 신분을 보장한다. 2013 행정사

02 「국가공무원법」에 의하면 공무원의 시보기간은 3개월이다. 2020 행정사 ○✕

03 시보 공무원은 공무원법상 공무원에 해당하기 때문에 시보기간 동안에도 직위를 맡 ○✕
   을 수 있다. 2020 7급 군무원

04 강임은 징계처분에 의한 수직적 인사이동이다. 2018 행정사 ○✕

05 전직이란 직렬을 달리하는 임명을 말한다. 2018 행정사 ○✕

06 전보는 동일한 직급 내에서 보직을 변경하는 것을 말한다. 2011 9급 국가직 ○✕

07 공무원을 수직적으로 이동시키는 내부임용의 방법으로는 전직과 전보가 있다. ○✕
   2015 9급 국가직

08 공무원으로 10년 이상 근속하고, 정년 전에 스스로 퇴직하는 경우 우수공무원으로 ○✕
   특별승진임용하거나 일반 승진시험에 우선 응시하게 할 수 있다. 2021 행정사

09 기준타당성은 소방직 시험에 합격한 사람들에게 3개월 뒤 같은 문제로 시험을 보게 ○✕
   하여 두 점수 간의 상관관계를 분석하는 것과 관련이 있다. 2014 7급 지방직

10 구성타당성은 지원자의 근력·지구력 등을 측정하기 위해 새로 만든 시험방법을 통 ○✕
   해 측정한 점수와 기존의 시험방법으로 측정한 결과 간의 상관관계를 분석한다.
   2014 7급 국가직

11 국가공무원법상 국회, 법원, 헌법재판소, 선거관리위원회 및 행정부 상호 간에 소속 ◯ ✕
을 달리하는 인사이동 임용방법은 전직이다. **2024 행정사**

01 시보 공무원은 정규 공무원이 아니므로 정규 공무원과 동일하게 공무원 신분을 보장하지 않음

02 국가공무원법에 따르면 5급은 1년, 6급 이하는 6개월임 → 아래의 조항 참고
국가공무원법 제29조 【시보 임용】 ① 5급 공무원을 신규 채용하는 경우에는 1년, 6급 이하의 공무원을 신규 채용하는 경우에는 6개월간 각각 시보(試補)로 임용하고 그 기간의 근무성적·교육훈련성적과 공무원으로서의 자질을 고려하여 정규 공무원으로 임용한다. 다만, 대통령령등으로 정하는 경우에는 시보 임용을 면제하거나 그 기간을 단축할 수 있다.

03 시보 공무원은 적격성을 검증받기 위해서 시보기간에 직위를 맡을 수 있음

04 강등은 징계처분에 의한 수직적 인사이동임 → 강임은 징계가 아님

05 전직은 일의 종류를 바꾸는 수평이동임

06 전보는 일의 종류를 바꾸지 않고 보직을 변경하는 것임

07 공무원을 수평적으로 이동시키는 내부임용의 방법으로는 전직과 전보가 있음

08 10년을 20년으로 수정해야 함

09 ① 지문은 재시험법에 대한 내용임
② 기준타당성: 시험의 성적과 시험을 통해 예측하고자 했던 기준(직무수행실적) 사이의 관계가 얼마나 밀접한지를 분석하는 것

10 구성타당성은 추상적인 개념(근력·지구력·공직적성 등)을 얼마나 정확하게 측정했는가를 나타냄

11 선지는 전입(전출)에 대한 내용임 → 전직은 직렬을 달리하는 임용방식임

Answer

01 ✕	02 ✕	03 ◯	04 ✕	05 ◯	06 ◯	07 ✕	08 ✕	09 ✕	10 ◯
11 ✕									

04 공무원 평가 : 성과 관리

01 도표식 평정척도법은 평정요소와 등급의 추상성이 높기 때문에 평정자의 자의적 해 ☐○☐✕
석에 의한 평가가 이루어지기 쉽다는 단점이 있다. 2015 8급 국회직

02 행태기준평정척도법은 주요과업 분야별로 바람직한 행태의 유형 및 등급을 구분·☐○☐✕
제시한 뒤, 평정대상자의 행태를 관찰하여 해당 사항에 표시하게 하는 방법이다.
2021 행정사

03 근무성적평정 시 평정자의 평정기준이 일정치 않아 관대화 및 엄격화 경향이 불규 ☐○☐✕
칙하게 나타나는 오류는 체계적 오류이다. 2015 행정사

04 근무성적 평정상의 오류 중 연쇄효과란 한 평정요소에 대한 평정자의 판단이 다른 ☐○☐✕
요소의 평정에도 영향을 주는 것을 의미한다. 2014 경찰간부

05 국내 최고 대학을 졸업했기 때문에 일을 잘했을 것이라고 생각하여 피평정자에게 ☐○☐✕
높은 근무성적평정 등급을 부여할 경우 평정자가 범하는 오류는 선입견에 의한 오
류이다. 2020 9급 지방직

06 어떤 평정자가 다른 평정자들보다 언제나 좋은 점수 또는 나쁜 점수를 주게 됨으로 ☐○☐✕
써 나타나는 근무성적평정상의 오류는 총계적 오류이다. 2011 9급 지방직

07 우리나라에서 5급 이하 공무원은 근무성적평가의 대상이다. 2022 행정사 ☐○☐✕

08 4급 이상 및 고위공무원단에 속하는 자는 성과계약에 의한 목표달성도를 연 1회 평 ☐○☐✕
가한다. 2007 9급 경기

09 다면평가는 조직 내 구성원 간의 갈등 해소 및 신뢰성을 제고하고, 그 평과결과는 ☐○☐✕
승진이나 전보, 성과급 지급 등에 활용해야 한다. 2014 행정사

10 다면평가제도는 평가대상자의 동료와 부하를 제외하고 상급자가 다양한 측면에서 ⬜✕
평가한다. 2013 9급 지방직

11 강제배분법은 성적분포 비율을 미리 정하여 순위를 매기거나 배분함으로써 평정자 ⬜✕
의 편견이나 집중화 등의 오류를 방지할 수 있는 근무성적평정방법이다. 2023 행정사

01 도표식 평정척도법은 평정에 있어서 구체적인 행동을 참고하지 않는 바 평정자의 자의적 해석에 의한 평가가 이루어지기 쉽다는 단점이 있음

02 행태기준평정척도법 : 특정 평정요소에 대한 행동유형을 등급별로 구분한 뒤, 평정대상자의 행동을 관찰해서 해당 사항에 표시하는 방법 → 행태기준평정척도법은 척도설계과정에 피평정자가 참여하는 바 그의 신뢰와 관심, 참여를 기대할 수 있음 ; 또한 직무가 다르면 별개의 평정양식이 있어야 하는 까닭에 개발에 많은 시간과 비용이 요구됨

✓ 평정대상자의 행태를 가장 대표할 수 있는 난에 체크 표시하여 주세요.
✓ 평정요소 : 협동정신

등급	행태유형
7	부하직원과 상세하게 대화를 나누고 그에 대한 해결방안을 내놓는다.
6	스스로 해결할 수 없는 문제는 상관에게 자문을 구하여 해결책을 찾는다.
5	스스로 해결하려고 노력하지만, 가끔 잘못된 결과를 초래한다.
4	일시적인 해결책으로 대응하여 문제가 계속 발생한다.
3	부하직원의 의사를 참고하지 않고 독단적으로 결정한다.
2	문제해결에 있어 개인적인 감정을 내세운다.
1	어떤 결정을 내려야 할 상황인데 결정을 회피하거나 미룬다.

03 근무성적평정 시 평정자의 평정기준이 일정치 않아 관대화 및 엄격화 경향이 불규칙하게 나타나는 오류는 총계적 오류임 → 체계적 오류는 어떤 평정자가 다른 평정자보다 언제나 좋은 점수 또는 나쁜 점수를 부여함으로써 생기는 오류임

04 연쇄효과는 A분야에 대한 평정이 B분야에 대한 평정에 영향을 미치는 현상임

05 선입견에 의한 오류 : 평정대상자의 개인적 특성인 성, 연령, 종교, 교육수준, 출신학교 등에 대해 평정자가 평소 가지고 있는 편견을 평정에 반영하는 것 → 유형화・정형화・집단화의 오류와 같은 표현

06 어떤 평정자가 다른 평정자들보다 언제나 좋은 점수 또는 나쁜 점수를 주게 됨으로써 나타나는 근무성적평정상의 오류는 규칙적 오류임

07 성과계약등 평가는 4급 이상, 근무성적평가는 5급 이하 공무원에게 적용됨

08 성과계약등 평가는 4급 이상 공무원에게 적용하며, 연 1회 실시함

09 현재까지 다면평가제도는 임의사항임(승진, 성과급 지급 등에 활용 가능)

10 다면평가제도는 평가대상자의 동료와 부하, 상급자가 다양한 측면에서 피평가자를 평가함

11 강제배분법은 고른 성적의 분포를 강제하는 근무성적평정방법임

Answer
01 ○   02 ○   03 ×   04 ○   05 ○   06 ×   07 ○   08 ○   09 ×   10 ×
11 ○

05 공무원 동기 부여

01 직능급은 직무수행능력을 기초로 임금을 결정하는 보수체계이다. 2019 행정사 수정 ◯ ✕

02 공무원 보수에서 직능급이란 직무의 난이도와 책임에 따라 결정되는 보수이다. ◯ ✕
2016 9급 사복

03 실적급은 공무원의 직무수행능력을 측정하여 그 능력이 우수할수록 보수를 우대하 ◯ ✕
는 보수체계이다. 2021 경찰간부

---

01 직능급은 직무수행능력, 즉 연공서열과 직무난이도를 모두 고려해서 임금을 결정하는 보수체계임
02 직무급에 대한 내용임 ; 직능급이란 직무수행능력(연공급 + 직무급)을 기준으로 제공하는 보수임
03 직능급에 대한 설명임 → 실적급(performance based pay) 혹은 성과급은 산출물·성과에 기초한 급여체계임

Answer
01 ◯   **02** ✕   **03** ✕

공무원의 의무와 권리, 그리고 통제

01 부패의 제도화 정도에 따라 거래형 부패와 사기형 부패로 나눌 수 있다. 2019 행정사 ☐○☐✕

02 부패행위로 규정될 수 있으나 사회구성원의 다수가 어느 정도 용인하는 관례화된 부패는 흑색부패이다. 2017 행정사 ☐○☐✕

03 제도적 접근법에서 행정통제 장치의 미비는 공무원 부패의 주요 원인이다. 2019 행정사 ☐○☐✕

04 부패는 관료 개인의 윤리의식과 자질로 인하여 발생한다는 것은 부패의 원인에 관한 도덕적 접근방법의 입장과 가깝다. 2020 7급 지방직 ☐○☐✕

05 징계는 파면·해임·강등·정직·감봉·견책으로 구분한다. 2019 행정사 ☐○☐✕

06 정직은 1개월 이상 3개월 이하의 기간으로 하고, 그 기간 중 보수는 3분의 2를 감한다. ☐○☐✕
2019 행정사

---

01 부패의 제도화 정도에 따른 분류는 제도적 부패와 우발적(일탈형) 부패임; 거래형 부패와 사기형 부패는 거래의 유무에 따른 분류임

02 선지는 백색부패에 대한 내용임 → 흑색부패는 국민이 용인하지 않는 부패임

03 제도적 접근은 공식적인 제도를 중심으로 공무원 부패의 원인을 탐구함

04 도덕적 접근은 부패가 공무원 개인의 윤리의식에서 비롯된다는 관점임

05 **국가공무원법 제79조【징계의 종류】** 징계는 파면·해임·강등·정직(停職)·감봉·견책(譴責)으로 구분한다.

06 정직은 1개월 이상 3개월 이하의 기간으로 하고, 그 기간 중 보수는 전액을 감액함

Answer

| 01 ✕ | 02 ✕ | 03 ○ | 04 ○ | 05 ○ | 06 ✕ |

07 징계로 해임처분을 받은 때부터 3년이 지나지 아니한 자는 공무원으로 임용될 수 없다. 2019 행정사 ☐○ ☐✕

08 징계의 수단으로 강임이 제도적으로 인정되고 있다. 2016 행정사 ☐○ ☐✕

09 징계의 종류는 파면·해임·강등·정직·직위해제·감봉·견책으로 구분한다. 2013 행정사 ☐○ ☐✕

10 강등은 1계급 아래로 직급을 내리고 공무원 신분을 3개월 간 박탈한다. 2021 경정승진 ☐○ ☐✕

11 휴직 사유가 소멸된 후에도 직무에 복귀하지 않는 것은 직위해제 사유에 해당한다. 2015 행정사 ☐○ ☐✕

12 파면·해임에 해당하는 징계의결이 요구 중인 경우는 직위해제 사유에 해당한다. 2015 행정사 ☐○ ☐✕

13 직권면직은 국가공무원법상 징계의 한 종류로서, 임용권자가 특정한 사유에 해당되는 공무원을 직권으로 면직시키는 것이다. 2015 7급 국가직 ☐○ ☐✕

14 징계에 의한 불복 시 소청심사위원회에 소청제기가 가능하나 근무성적평정결과나 승진탈락 등은 소청대상이 아니다. 2014 8급 국회직 ☐○ ☐✕

15 행정기관 소속 공무원의 징계처분 등에 대한 소청을 심사·결정하기 위하여 행정안전부에 소청심사위원회를 둔다. 2022 행정사 ☐○ ☐✕

16 정직은 1개월 이상 3개월 이하의 기간으로 하고, 정직 처분을 받은 자는 그 기간 중 공무원의 신분은 보유하나 직무에 종사하지 못하며 보수는 전액을 감한다. 2023 행정사 ☐○ ☐✕

07 [두문자] **해삼파워!** → 해임은 3년, 파면은 5년 간 임용결격 사유

08 강임을 강등으로 수정해야 함

09 「국가공무원법」상의 징계는 파면·해임·강등·정직·감봉·견책으로 구분됨 → 직위해제는 징계의 종류에 포함되지 않음

10 강등은 공무원 신분을 박탈하는 징계가 아님 → 선지를 3개월 간 직무정지로 수정해야 함

11 선지는 직권면직 사유에 해당함

12 중징계에 해당하는 징계의결이 요구 중인 경우는 직위해제 사유에 해당함

13 직권면직은 징계의 종류가 아님 ; 징계의 종류는 견책, 감봉, 정직, 강등, 해임, 파면이 있음

14 근무성적평정결과 및 승진탈락은 공무원의 신분 변동에 해당되지 않는 처분이므로 소청심사 대상이 아님

15 행정기관 소속 공무원의 징계처분 등에 대한 소청을 심사·결정하기 위하여 인사혁신처에 소청심사위원회를 둠

16 **국가공무원법 제80조【징계의 효력】**③ 정직은 1개월 이상 3개월 이하의 기간으로 하고, 정직 처분을 받은 자는 그 기간 중 공무원의 신분은 보유하나 직무에 종사하지 못하며 보수는 전액을 감한다.

Answer

| 07 ○ | 08 × | 09 × | 10 × | 11 × | 12 ○ | 13 × | 14 ○ | 15 × | 16 ○ |

행정사
최욱진 행정학개론

재무행정

예산제도의 발달 과정

01 예산편성제도의 등장순서는 품목별 예산제도→성과주의 예산제도→계획 예산제도 ○✕
→영기준 예산제도→결과지향 예산제도의 순서이다. 2020 행정사

02 품목별 예산제도는 예산의 유용이나 남용을 방지하는 데 도움이 된다. 2015 행정사 ○✕

03 품목별 예산제도는 정부사업의 우선순위 파악이 용이하다. 2015 행정사 ○✕

04 품목별 예산제도는 기획지향적이라기보다는 통제지향적이다. 2015 행정사 ○✕

05 품목별 예산제도는 의회의 예산심의가 용이하다. 2015 행정사 ○✕

06 성과주의 예산은 업무량 또는 활동별 지출을 단위비용으로 표현하고자 한다. ○✕
2009 9급 국가직

07 계획예산제도는 상향식 예산편성으로 하위 구성원의 참여가 보장된다. 2021 경찰간부 ○✕

08 영기준 예산제도는 과거의 관행을 고려하지 않고 사업에 대한 근본적인 재평가를 ○✕
바탕으로 예산을 편성한다. 2021 소방간부

09 국방비, 공무원의 보수, 교육비와 같은 경직성 경비가 많으면 영기준 예산제도의 효 ○✕
용이 커진다. 2015 9급 사복

10 입법기관이 따로 조치를 취하지 않는 한 정부의 사업 또는 조직이 미리 정한 기간이 ○✕
지나면 자동적으로 폐지 또는 폐기되도록 하는 제도는 영기준 예산이다. 2017 행정사

11 시민이나 의원이 집행결과를 쉽게 이해할 수 있으며 정부의 예산투입과 산출을 연 ○✕
계시키는 예산제도는 계획예산제도이다. 2024 행정사

01	구분	입법국가	시장실패	행정국가		정부실패	탈행정국가	
	예산제도	LIBS (1920s)	① 원인 ② 정부 대응	PBS (1950s)	PPBS (1960s)	① 원인 ② 정부 대응	ZBB (1970s)	NPBS (1990s)
	추구하는 가치	통제		관리	계획		감축	·
	예산결정모형	점증		점증	합리		합리	·
	예산원칙	전통적(통제)		현대적(통제 + 신축성)				

02 품목별 예산제도는 통제지향적이므로 예산의 유용이나 남용을 방지하는 데 도움이 됨

03 품목별 예산제도는 투입 중심의 예산제도이므로 정부사업의 우선순위 파악이 어려움

04 품목별 예산제도는 입법부가 행정부를 통제하기 위해 고안된 예산편성제도임

05 품목별 예산제도는 비용편익분석 등 전문적인 지식을 활용하지 않는 바 의회의 예산심의가 용이함

06 성과주의 제도는 예산을 업무량 및 단위원가로 표현함

07 계획예산제도는 하향식 예산편성으로 하위 구성원의 참여가 보장되지 않는 집권적인 예산편성제도임

08 영기준 예산제도는 감축지향적이므로 과거의 관행을 고려하지 않고 사업에 대한 근본적인 재평가를 바탕으로 예산을 편성함

09 국방비, 공무원의 보수, 교육비와 같은 경직성 경비가 많으면 매년 재검토를 하는 의미가 없으므로 영기준 예산제도의 효용이 떨어짐

10 입법기관이 따로 조치를 취하지 않는 한 정부의 사업 또는 조직이 미리 정한 기간이 지나면 자동적으로 폐지 또는 폐기되도록 하는 제도는 일몰제임

11 단위원가 × 필요사업량 = 예산액 방식으로 계산하여 예산배정을 하여 투입과 산출을 연결하는 예산제도는 성과주의 예산제도임 → 사업 또는 활동별로 예산이 편성되어 일반 국민이 정부사업을 이해하기 용이함

Answer ┼───

01 ○   02 ○   03 ×   04 ○   05 ○   06 ○   07 ×   08 ○   09 ×   10 ×
11 ×

02 우리나라의 재정개혁

01 예비타당성 조사는 정책성 분석을 배제하고 경제성 분석에 집중한다. 2020 행정사 ☐O☐X

02 기획재정부장관은 총사업비가 300억 원 이상이고 국가의 재정지원 규모가 100억 원 ☐O☐X
이상인 신규 사업으로서 건설공사가 포함된 사업 등에 대한 예산을 편성하기 위하
여 미리 예비타당성 조사를 실시하여야 한다. 2022 9급 지방직

03 예비타당성 조사는 2000회계연도 예산을 편성할 때부터 적용되었다. 2020 행정사 ☐O☐X

04 주민참여예산제도는 지방재정법에 근거조항이 마련되어 있다. 2020 7급 군무원 ☐O☐X

05 지방자치단체의 장은 주민참여예산제도를 마련하여 시행해야 할 법적 의무가 있다. ☐O☐X
2021 7급 국가직

06 지방자치단체의 장은 주민참여예산제도를 통하여 수렴한 주민의 의견서를 지방의 ☐O☐X
회에 제출하는 예산안에 첨부하여야 한다. 2020 7급 군무원

01 예비타당성 조사는 대규모 공공투자사업의 타당성을 분석하고 그 결과에 따라 재정사업의 신규투자 여부를 결정하는 통제지향적인 제도로서 경제성 분석, 정책성 분석 등을 통해 사업의 타당성을 검토함

02 총사업비가 500억 원 이상이고, 국가의 재정지원 규모가 300억 원 이상인 신규 사업은 예비타당성 조사 대상사업임

03 예비타당성 조사는 기존에 유지된 타당성조사의 문제점을 보완하기 위해 1999년부터 도입되어 2000년 예산편성 때부터 적용하고 있음

04 **지방재정법 제39조【지방예산 편성 등 예산과정의 주민 참여】** ① 지방자치단체의 장은 대통령령으로 정하는 바에 따라 지방예산 편성 등 예산과정(「지방자치법」 제39조에 따른 지방의회의 의결사항은 제외한다. 이하 이 조에서 같다)에 주민이 참여할 수 있는 제도(이하 이 조에서 "주민참여예산제도"라 한다)를 마련하여 시행하여야 한다.

05 우리나라 지방재정법은 주민참여제도를 의무사항으로 명시하고 있음

06 **지방재정법 제39조【지방예산 편성 등 예산과정의 주민 참여】** ③ 지방자치단체의 장은 주민참여예산제도를 통하여 수렴한 주민의 의견서를 지방의회에 제출하는 예산안에 첨부하여야 한다.

`Answer`

01 ×   02 ×   03 ○   04 ○   05 ○   06 ○

예산의 기초

01 법률안과 예산안은 국회에서 의결된 후 공포 절차를 거쳐야 효력이 발생한다. ☐O☐X
2016 행정사

02 대통령은 국회가 의결한 예산에 대해 재의를 요구할 수 없다. 2016 행정사 ☐O☐X

03 조세는 국가가 재정권에 기초해 동원하는 공공재원으로 벌금과 과태료를 포함한다. ☐O☐X
2019 행정사

04 국·공채는 세대 간 공평성을 갖는다. 2019 행정사 ☐O☐X

05 세입과 세출은 모두 예산에 계상하여야 한다는 것은 '완전성 원칙'을 의미한다. ☐O☐X
2017 행정사

06 전대차관은 완전성 원칙의 예외에 해당한다. 2019 행정사 ☐O☐X

07 사전승인의 원칙은 '현대적 예산원칙'에 포함된다. 2014 행정사 ☐O☐X

08 예산의 원칙 중 특정 수입과 특정 지출이 연계되어서는 안 된다는 것은 '단일성의 ☐O☐X
원칙'이다. 2015 9급 지방직

09 통일성의 원칙은 회계장부가 하나여야 한다는 원칙이다. 2013 9급 서울시 ☐O☐X

10 예산은 주어진 목적, 규모, 그리고 시간에 따라 집행되어야 한다는 원칙은 '예산총 ☐O☐X
계주의'이다. 2015 9급 지방직

11 통일성 원칙의 예외에는 교육세, 예산총계주의 원칙의 예외로는 기금이 있다. ☐O☐X
2024 행정사

12 예산구조나 과목은 국민들이 이해하기 쉽게 단순해야 한다는 것은 현대적 예산원칙 ○✕
에 해당한다. 2023 행정사

01 법률안은 공포하여야 효력이 발생하지만, 예산은 국회의결로 성립함

02 우리나라는 대통령의 법률안 거부권이 인정되지만 예산은 법률이 아니므로 거부권을 행사할 수 없음

03 벌금이나 과태료는 조세가 아니라 세외수입에 해당함

04 국·공채는 국가나 공공지출 경비의 재원을 조달하기 위해 부담하는 채무임→국공채를 활용한 사업이나 시설로 인해 편익을 얻을 후세대도 채무에 대한 부담을 분담하는 바 국공채는 세대 간 형평성을 높일 수 있음

05 선지는 '예산총계주의 원칙', 즉 완전성의 원칙을 뜻함

06 ① 두문자 **완전차감고 순수해서 현기증나!**
② 완전성 원칙의 예외: 전대차관, 차관물자대, 예산순계, 수입대체경비, 현물출자, 기금

07 사전승인의 원칙은 '전통적 예산원칙'에 포함됨

08 예산의 원칙 중 특정 수입과 특정 지출이 연계되어서는 안 된다는 것은 '통일성의 원칙'임
※ 단일성의 원칙: 예산은 하나만 존재하거나 예산은 단일의 회계 내에서 정리해야 한다는 원칙

09 단일성의 원칙은 회계장부가 하나여야 한다는 원칙임
※ 통일성의 원칙: 국가의 모든 수입은 국고에 들어온 후 국고에서 지출이 이루어져야 함

10 예산은 주어진 목적, 규모, 그리고 시간에 따라 집행되어야 한다는 것은 한정성의 원칙에 해당함
※ 예산총계주의: 모든 세입과 세출은 예산에 명시적으로 계상(계산하여 올림)해야 함

11

통일성 원칙	• 세입은 국고를 거쳐 세출되어야 함 • 국고 통일의 원칙, 수입금 직접 사용금지의 원칙과 같은 개념	• 두문자 **통목수특기** • 예외: 목적세, 수입대체경비, 특별회계, 기금 → 목적성이 뚜렷한 돈에 대해서는 예외로 하자는 것
완전성(포괄성) 원칙 (예산총계주의)	• 수입·지출 모두 예산에 기록 • 예산에 모든 세입과 세출이 명시적으로 나열되어 빠짐없이 계상되어야 한다는 것(총계예산) 예 세금 징수비용 등을 제외한 순수입만을 세입예산에 반영시켜서는 안 된다는 원칙	• 두문자 **완전차감고 순수해서 현기증나** • 예외: 전대차관, 차관물자대, 순계예산, 수입대체경비, 현물출자, 기금 • 전대차관, 차관물자대, 수입대체경비, 현물출자 등은 불확실성 차원에서 예외에 해당하며, 기금은 예산이 아님. 아울러 순계예산은 총계예산과 반대되는 개념임

12 선지는 명확성의 원칙이며, 이는 전통적 예산원칙에 해당함

Answer

01 ✕	02 ○	03 ✕	04 ○	05 ○	06 ○	07 ✕	08 ✕	09 ✕	10 ✕
11 ○	12 ✕								

예산의 종류 및 분류

01 예산은 재원 조달 및 배분이라는 관점에서 세입예산과 세출예산으로 구분된다. ○✕

2018 행정사

02 예산은 회계 간 중복 거래 금액의 포함 여부에 따라 세입예산과 세출예산으로 구분 ○✕
된다. 2018 행정사

03 특별회계는 예산집행부서의 재량을 억제하여 책임성을 제고시킨다. 2021 행정사 ○✕

04 특별회계는 행정각부의 명령으로 설치할 수 있다. 2017 행정사 ○✕

05 기금은 국가가 특정한 목적을 위하여 특정한 자금을 신축적으로 운용할 필요가 있 ○✕
을 때 대통령령으로 설치한다. 2015 행정사

06 정부는 주요 항목 단위로 마련된 기금운용계획안을 회계연도 90일 전까지 국회에 ○✕
제출하여야 한다. 2015 행정사

07 우리나라는 회계연도 개시 30일 전까지 국회에서 예산안이 의결되지 못하는 경우 ○✕
준예산을 사용할 수 있다. 2017 행정사

08 우리나라는 1960년도 이후부터 준예산제도를 채택하고 있다. 2017 행정사 ○✕

09 준예산은 새로운 회계연도가 시작되는 날로부터 최초 수개월분의 일정한 금액의 예 ○✕
산을 정부가 집행할 수 있게 허가하는 제도이다. 2013 행정사

10 준예산은 국회의 의결을 필요로 한다. 2021 7급 국가직 ○✕

11 수정예산은 예산이 국회를 통과한 이후 예산집행과정에서 다시 제출되는 예산이다. ☐⊠
2013 행정사

12 본예산은 정기국회의 심의를 거쳐 확정된 최초의 예산으로 당초예산이라고도 한다. ☐⊠
2013 행정사

13 국회는 회계연도 개시 30일 전까지 예산안을 의결하여야 한다. 2016 행정사 ☐⊠

14 추가경정예산은 예산의 신축성 확보를 위한 제도로서, 최소 1회의 추가경정예산을 ☐⊠
편성하도록 국가재정법에 규정되어 있다. 2018 9급 국가직

01 예산은 재원 조달 및 배분이라는 관점에서 세입예산과 세출예산으로 구분된다.
02 예산은 회계 간 중복 거래 금액의 포함 여부에 따라 예산총계와 예산순계로 구분됨
03 특별회계는 예산집행부서의 재량을 증대하여 책임성을 제고시킴
04 특별회계는 법률로 설치함
05 기금은 법률로 설치함
06 90일을 120일로 수정해야 함
07 준예산제도는 회계연도 개시일까지 예산이 성립하지 않은 경우에 사용할 수 있음 → 아래의 조항 참고
헌법 제54조 ③ 새로운 회계연도가 개시될 때까지 예산안이 의결되지 못한 때에는 정부는 국회에서 예산안이 의결될 때까지 다음의 목적을 위한 경비는 전년도 예산에 준하여 집행할 수 있다.
08 준예산제도는 우리나라에서 현재 활용하고 있는 예산불성립시 집행장치임
09 선지는 잠정예산에 대한 내용임 → 준예산제도는 국회의 승인이 필요 없음
10 우리나라 준예산은 국회의 의결이 필요 없음
11 선지는 추가경정예산에 대한 내용임
※ 수정예산 : 예산안이 제출된 이후 국회의결 이전에 기존안의 일부를 수정해 제출한 예산
12 본예산은 의회의 의결을 거쳐 성립한 최초의 예산임
13 **헌법 제54조** ② 정부는 회계연도마다 예산안을 편성하여 회계연도 개시 90일전까지 국회에 제출하고, 국회는 회계연도 개시 30일 전(12월 2일)까지 이를 의결하여야 한다.
14 추가경정예산은 예산의 신축성 확보를 위한 제도이며, 편성 횟수의 제한을 두지 않고 있음

Answer
| 01 ○ | 02 × | 03 × | 04 × | 05 × | 06 × | 07 × | 08 ○ | 09 × | 10 × |
| 11 × | 12 ○ | 13 ○ | 14 × | | | | | | |

15 「국가재정법」에 따르면 법령에 따라 국가가 지급하여야 하는 지출이 발생하거나 증가하여 이미 확정된 예산에 변경을 가할 필요가 있는 경우에 추가경정예산을 편성할 수 있다. 2020 7급 지방직 ☐○☐×

16 정부는 예산이 여성과 남성에게 미치는 효과를 평가하고, 그 결과를 정부의 예산편성에 반영하기 위하여 노력하여야 한다. 2018 행정사 ☐○☐×

17 성인지예산제도는 예산이 남성이 아니라 여성에게 미치는 효과를 분석하여 양성평등을 위한 예산집행을 추구한다. 2020 행정사 ☐○☐×

18 성인지예산제도는 예산과정에 대한 성 주류화의 적용으로 양성평등을 위한 실질적인 예산배분의 변화를 추구한다. 2020 행정사 ☐○☐×

19 조세지출예산은 조세감면의 구체적인 내역을 예산구조로써 밝히는 것이다. 2013 행정사 ☐○☐×

20 사업별 분류방식이 조직별 분류방식보다 독립된 행정부서의 예산 상황을 이해하는 데 더 유용하다. 2018 행정사 ☐○☐×

---

15 국가재정법 제89조 【추가경정예산안의 편성】 ① 정부는 다음 각 호의 어느 하나에 해당하게 되어 이미 확정된 예산에 변경을 가할 필요가 있는 경우에는 추가경정예산안을 편성할 수 있다.
3. 법령에 따라 국가가 지급하여야 하는 지출이 발생하거나 증가하는 경우

16 성인지적 관점은 실질적인 남녀평등을 고려함

17 성인지예산제도는 예산과정에 대한 성 주류화의 적용으로 양성평등을 위한 실질적인 예산배분의 변화를 추구하는 바 예산이 남성과 여성에게 미치는 효과를 분석하여 양성평등을 위한 예산집행을 추구함

18 성인지예산제도는 예산과정에 대한 성 주류화의 적용, 즉 양성평등을 위한 실질적인 예산배분을 추구함

19 조세지출예산은 조세감면제도를 예산제도로 운영함으로써 국회의 재정통제를 강화하기 위한 제도임→그러므로 정부는 조세감면의 구체적인 내역을 국회에 제출하여 심의 받아야 함

20 조직별 분류방식이 사업별 분류방식보다 독립된 행정부서의 예산 상황을 이해하는 데 더 유용함

Answer
15 ○ 16 ○ 17 × 18 ○ 19 ○ 20 ×

Chapter 05 예산과정

01 예산편성은 기획재정부가 예산안편성지침을 작성하고 각 중앙행정기관의 장에게 시달하여 중기사업계획서를 제출받으면서 시작한다. 2021 행정사 ⃝ ✕

02 정부예산안은 국무회의의 심의와 대통령의 재가로 확정되고 회계연도 개시 120일 전까지 국회에 제출하여야 한다. 2021 행정사 ⃝ ✕

03 우리나라 「국가재정법」에서 총괄적으로 규정하고 있는 예산총칙의 사항은 계속비, 세입세출예산, 명시이월비, 국고채무부담행위이다. 2018 행정사 ⃝ ✕

04 국가결산보고서는 정부가 회계연도 개시 120일 전까지 국회에 제출하는 예산안의 구성요소에 포함된다. 2022 행정사 ⃝ ✕

05 국회에 제출된 예산안은 소관 상임위원회의 예비심사를 거친다. 2016 행정사 ⃝ ✕

---

01 예산편성은 각 중앙관서의 장이 중기사업계획서를 기재부장관에게 제출하고, 기재부장관이 예산안편성지침을 중앙관서의 장에게 통보하면서 시작됨

02 **국가재정법 제32조【예산안의 편성】** 기획재정부장관은 제31조 제1항의 규정에 따른 예산요구서에 따라 예산안을 편성하여 국무회의의 심의를 거친 후 대통령의 승인을 얻어야 한다.
동법 제33조【예산안의 국회제출】 정부는 제32조의 규정에 따라 대통령의 승인을 얻은 예산안을 회계연도 개시 120일 전까지 국회에 제출하여야 한다.

03 **국가재정법 제20조【예산총칙】** ① 예산총칙에는 세입세출예산·계속비·명시이월비 및 국고채무부담행위에 관한 총괄적 규정을 두는 외에 다음 각 호의 사항을 규정하여야 한다.

04 **국가재정법 제20조【예산총칙】** ① 예산총칙에는 세입세출예산·계속비·명시이월비 및 국고채무부담행위에 관한 총괄적 규정을 두는 외에 다음 각 호의 사항을 규정하여야 한다.

05 **국회법 제84조【예산안·결산의 회부 및 심사】** ① 예산안과 결산은 소관 상임위원회에 회부하고, 소관 상임위원회는 예비심사를 하여 그 결과를 의장에게 보고한다. 이 경우 예산안에 대해서는 본회의에서 정부의 시정연설을 듣는다.

Answer

01 ✕   02 ⃝   03 ⃝   04 ✕   05 ⃝

06 국회 예산결산특별위원회가 11월 30일까지 예산안 심사를 마치지 않으면 원칙적으로 ☐○☐×
그 다음 날에 위원회에서 심사를 마치고 바로 본회의에 부의된 것으로 본다. 2021 행정사

07 국회는 정부예산에 대한 통제권을 가지므로 정부의 동의 없이 지출예산 각 항의 금 ☐○☐×
액을 증가할 수 있다. 2016 행정사

08 예산결산특별위원회의 예비심사 후 상임위원회의 종합심사와 본회의 의결을 거쳐 ☐○☐×
예산안을 확정한다. 2009 9급 국가직

09 우리나라의 예산과정은 국회 본회의 중심이 아니라 국회 상임위원회와 예산결산 특 ☐○☐×
별위원회 중심으로 예산이 심의된다. 2017 7급 국가직 추가

10 국회에서 예산안이 통과되는 즉시 각 중앙행정기관장은 원칙적으로 기관의 전체 예 ☐○☐×
산을 배정받아 관련 집행 부서에서 바로 집행할 수 있다. 2021 행정사

11 예산의 정기배정은 예산집행의 신축성을 유지하기 위한 제도적 장치에 해당한다. ☐○☐×
2016 행정사

12 예산의 재배정은 예산집행의 신축성을 확보하기 위한 제도이다. 2020 군무원 ☐○☐×

13 예산의 전용을 위해서 정부 부처는 미리 국회의 승인을 얻어야 한다. 2019 9급 국가직 ☐○☐×

14 예산의 이용과 이체는 예산집행의 신축성을 유지하기 위한 제도적 장치에 해당한다. ☐○☐×
2016 행정사

15 이체(移替)란 폐지되거나 기능이 이관된 기관의 예산을 신설된 기관의 예산으로 재 ☐○☐×
분배하는 것이다. 2024 행정사

16 이용(移用)이란 세항·목 등 행정과목 간의 예산을 상호 융통하는 것이다. 2024 행정사 ☐○☐×

17 정부는 회계연도 개시 전까지 예산안이 의결되지 못한 때에는 전년도 예산에 준해 ☐ ☒ 모든 예산을 편성해 운영할 수 있다. 2021 9급 국가직

---

06 국회 예산결산특별위원회가 11월 30일까지 예산안 심사를 마치지 않으면 원칙적으로 그 다음 날에 위원회에서 심사를 마치고 바로 본회의에 부의된 것으로 봄 → 아래의 조항 참고

국회법 제85조의3【예산안 등의 본회의 자동 부의 등】 ① 위원회는 예산안, 기금운용계획안, 임대형 민자사업 한도액안(이하 "예산안등"이라 한다)과 제4항에 따라 지정된 세입예산안 부수 법률안의 심사를 매년 11월 30일까지 마쳐야 한다.

② 위원회가 예산안등과 제4항에 따라 지정된 세입예산안 부수 법률안에 대하여 제1항에 따른 기한까지 심사를 마치지 아니하였을 때에는 그 다음 날에 위원회에서 심사를 마치고 바로 본회의에 부의된 것으로 본다.

07 국회는 정부예산에 대한 통제권을 가지고 있으나, 예산편성권은 행정부에게 있는 바 정부의 동의 없이 지출예산 각 항의 금액을 증가할 수 없음

08 상임위원회의 예비심사 후 예산결산특별위원회의 종합심사와 본회의 의결을 거쳐 예산안을 확정함

09 우리나라에서 본회의 의결은 형식적·상징적 의미를 지님

10 국회에서 예산안이 통과되면, 각 중앙관서의 장은 일정한 절차를 거친 뒤에 예산을 배정받을 수 있음

국가재정법 제42조【예산배정요구서의 제출】 각 중앙관서의 장은 예산이 확정된 후 사업운영계획 및 이에 따른 세입세출예산·계속비와 국고채무부담행위를 포함한 예산배정요구서를 기획재정부장관에게 제출하여야 한다.

동법 제43조【예산의 배정】 ① 기획재정부장관은 제42조의 규정에 따른 예산배정요구서에 따라 분기별 예산배정계획을 작성하여 국무회의의 심의를 거친 후 대통령의 승인을 얻어야 한다.

② 기획재정부장관은 각 중앙관서의 장에게 예산을 배정한 때에는 감사원에 통지하여야 한다.

11 예산의 정기배정은 예산집행의 통제를 확보하기 위한 제도적 장치에 해당함

12 예산의 배정과 재배정은 확정된 예산을 예산집행기관이 계획대로 집행(의회가 결정한 대로 집행)할 수 있도록 허용하는 일종의 승인이기 때문에 집행과정의 통제확보 수단임

13 예산의 전용을 위해서는 국회의 승인이 필요 없으며, 기획재정부장관의 승인만 있으면 됨

14 예산의 이용은 자금의 융통이며, 이체는 자금의 책임소관을 변경하는 것이므로 양자는 예산집행의 신축성을 유지하기 위한 제도적 장치에 해당함

15 예산의 이체란 정부조직 등에 관한 법령의 제정, 개정 또는 폐지로 인해 그 직무와 권한에 변동이 있을 때에 예산도 이에 따라 변경시키는 것임

16 선지는 전용에 대한 내용임 → 이용이란 장·관·항 등 입법과목 간의 예산을 상호 융통하는 것임

17 정부는 회계연도 개시 전까지 예산안이 의결되지 못한 때에는 일부 예산을 전년도 예산에 준하여 운영할 수 있음

Answer

06 ○	07 ×	08 ×	09 ○	10 ×	11 ×	12 ×	13 ×	14 ○	15 ○
16 ×	17 ×								

18 경제협력, 해외원조를 위한 지출을 예비비로 충당해야 할 우려가 있는 경우는 국가 재정법상 추가경정예산안 편성이 가능한 사유에 해당한다. 2021 9급 국가직 ○×

19 기획재정부장관은 회계연도마다 작성하여 대통령의 승인을 받은 국가결산보고서를 다음 연도 4월 20일까지 감사원에 제출하여야 한다. 2021 8급 국회직 ○×

20 국회는 결산과정에서 행정부의 부당한 지출이 발견된 경우 그 책임을 요구하고 무효화할 수 있다. 2022 행정사 ○×

21 결산은 회계연도에서 국가의 수입과 지출 실적을 확정적 계수로 표시하는 행위이다. ○× 2022 9급 지방직

---

18 선지는 추경예산 편성 사유에 해당하지 않음
※ 추경예산 편성사유 : 무문자 전경법

19 기획재정부장관은 회계연도마다 작성하여 대통령의 승인을 받은 국가결산보고서를 다음 연도 4월 10일까지 감사원에 제출하여야 함

20 결산은 집행 후의 과정이므로 부당한 지출이 발견될 경우 그 책임을 요구할 수 있으나 무효화할 수는 없음

21 결산은 집행 실적을 검증하는 과정(확정적 계수로 표시)임

Answer
18 × 　　 19 × 　　 20 × 　　 21 ○

정부회계

01 감사원장의 임기는 4년이며, 감사원법에 따르면 감사원은 원장을 포함해 9인의 감 〇 ✕
사위원으로 구성된다. 2013 행정사

02 감사원은 국가의 세입·세출의 결산과 공무원직무에 관한 감찰을 위해 대통령 소속 〇 ✕
하에 설치된 기관이다. 2013 행정사

03 현금주의 회계방식은 경영성과 파악이 용이하며, 발생주의 회계방식은 절차와 운용 〇 ✕
이 간편하다. 2014 행정사

04 우리나라의 현행 정부회계는 발생주의·복식부기 방식을 채택하여 재무제표를 작 〇 ✕
성한다. 2019 행정사

05 국가회계법상 중앙정부의 대표적 재무제표는 재정상태보고서, 재정운영보고서, 현 〇 ✕
금흐름보고서, 순자산변동보고서로 구성된다. 2019 행정사

---

01 감사원장의 임기는 4년이며, 감사원법에 따르면 감사원은 원장을 포함해 7인의 감사위원으로 구성됨

02 감사원은 결산검사, 회계검사, 직무감찰 기능을 수행하며, 대통령 소속으로 설치된 기관임

03 현금주의 회계방식은 발생주의 방식에 비해 절차와 운용이 간편하지만, 경영성과 파악이 곤란함

04 **국가회계법 제11조 【국가회계기준】** ① 국가의 재정활동에서 발생하는 경제적 거래 등을 발생 사실에 따라 복
식부기 방식으로 회계처리하는 데에 필요한 기준(이하 "국가회계기준"이라 한다)은 기획재정부령으로 정한다.

05 국가회계법에 따르면 재무제표는 재정상태표, 재정운영표, 순자산변동표로 구성됨 ; 현금흐름보고서는 포함되
지 않음

Answer

01 ✕   02 〇   03 ✕   04 〇   05 ✕

행정사
최욱진 행정학개론

06

행정환류

01 행정책임과 행정통제

01 파이너(Finer)는 행정의 적극적 이미지를 전제로 전문가로서의 관료의 기능적 책임을 강조하는 책임론을 제시하였다. 2020 7급 지방직 ○ ✕

02 프리드리히(Friedrich)는 개인적인 도덕적 의무감에 호소하는 책임보다 외재적・민주적 책임의 중요성을 강조하였다. 2020 7급 지방직 ○ ✕

03 파이너(Finer)는 법적・제도적 외부통제를 강조한다. 2021 9급 지방직 ○ ✕

04 프리드리히(Friedrich)는 내재적 통제보다 객관적・외재적 책임을 강조한다.
2021 9급 지방직 ○ ✕

05 Dubnick과 Romzek의 행정책임성 유형 중 내부지향적이고, 통제의 정도가 높은 책임성은 전문적 책임성이다. 2010 7급 서울시 ○ ✕

06 감사원은 길버트의 통제유형 중 내부통제 수단에 해당한다. 2020 행정사 ○ ✕

07 감사원, 계층제, 국무총리실을 통한 통제, 공익가치를 통한 통제는 공식적 행정통제 방법이다. 2024 행정사 ○ ✕

08 계층제 및 인사관리제도를 통한 통제는 행정통제의 유형 중 외부통제에 해당한다.
2021 행정사 ○ ✕

09 공익가치에 의한 통제는 공식적 통제수단이다. 2016 행정사 ○ ✕

10 의회 옴부즈만에 의한 통제는 내부통제 수단에 해당한다. 2014 행정사 ○ ✕

11 사법부에 의한 통제는 행정통제 유형 중 외부통제에 해당한다. 2022 행정사 ○ ✕

12 옴부즈만제도는 국민의 이익을 보호하려는 취지에서 1809년 스웨덴에서 시작된 행 ○ ╳
정감찰관제도이다. 2020 행정사

13 옴부즈만은 문제해결을 위한 처리과정에 시간이 많이 걸린다. 2015 행정사 ○ ╳

14 일반적인 옴부즈만은 시민의 고발에 의하여 활동을 개시하지만 자기직권으로 조사 ○ ╳
활동을 하기도 한다. 2015 행정사

01 프리드리히는 행정의 적극적 이미지를 전제로 전문가로서의 관료의 기능적 책임을 강조하는 책임론을 제시하였음

02 파이너는 개인적인 도덕적 의무감에 호소하는 책임보다 외재적·민주적 책임의 중요성을 강조하였음

03 파이너는 고전적 행정책임을 강조한 사람이므로 법적·제도적 외부통제에 의한 수동적 책임을 주장함

04 프리드리히는 현대적 행정책임을 강조한 학자이므로 내재적 통제를 통한 자율적 책임을 주장함

05 Dubnick과 Romzek의 행정책임성 유형 중 내부지향적이고, 통제의 정도가 높은 책임성은 관료적 책임성임
※ 전문적 책임성: 통제의 원천이 내부지향적이고, 통제의 정도가 낮은 책임성

06 감사원은 내부·공식적 통제 수단에 해당함

07 공익가치를 통한 통제는 비공식적 통제수단임

08 계층제 및 인사관리제도를 통한 통제는 행정통제의 유형 중 내부통제에 해당함

09 공익가치에 의한 통제는 행정통제 중 비공식적 통제수단임

10 의회 옴부즈만에 의한 통제는 외부통제 수단임

11 사법부는 행정부의 밖에서 행정부를 통제할 수 있는 수단임

12 일반적인 옴부즈만제도(의회소속형)는 국민의 이익을 보호하려는 취지에서 1809년 스웨덴에서 시작된 행정감찰
관제도임

13 옴부즈만제도는 사법절차에 비하여 문제해결과정에서 시간과 비용을 절약할 수 있음

14 일반적인 옴부즈만은 대개 시민의 고발에 의하여 활동을 개시하지만 경우에 따라 자기직권으로 조사함 → 참고
로 국민권익위원회는 직권조사를 할 수 없음

Answer

01 ╳	02 ╳	03 ○	04 ╳	05 ╳	06 ○	07 ╳	08 ╳	09 ╳	10 ╳
11 ○	12 ○	13 ╳	14 ○						

15 국민권익위원회는 국무총리 소속으로 설치되어 있으며, 옴부즈만의 일종으로 간주 ☐◯☒
되기도 한다. 2018 행정사

16 옴부즈만과 유사한 국민권익위원회는 법원이 내린 결정 처분에 대해 시정조치, 권 ☐◯☒
고, 취소를 결정한다. 2020 행정사

17 국민권익위원회는 소관 업무의 원활한 수행을 위하여 직속기관으로 시민고충처리 ☐◯☒
위원회를 둔다. 2018 행정사

18 국민권익위원회 위원의 임기는 3년이며, 연임할 수 없다. 2013 행정사 ☐◯☒

---

15 국민권익위원회는 국무총리 소속으로 설치되어 있으며, 행정부 소속형 옴부즈만임

16 국민권익위원회는 법원이 내린 결정 처분에 대해 시정조치를 권고할 수 있음

17 시민고충처리위원회는 국민권익위원회의 직속기관이 아니라 지방자치단체에 두는 기관임

18 **부패방지권익위법 제16조【직무상 독립과 신분보장】** ② 위원장과 위원의 임기는 각각 3년으로 하되 1차에 한하여 연임할 수 있다.

Answer ◆
15 ◯   **16** ☒   **17** ☒   **18** ☒

Chapter 02 행정개혁

01 행정개혁의 방법 중 구조적 접근방법이 갖는 관심은 통솔범위의 조정, 권한배분의 개편 등을 대상으로 한다. 2020 행정사　　○ ✕

02 구조적 접근방법은 행태과학의 지식과 기법을 활용한다. 2020 행정사　　○ ✕

03 구조적 접근은 고전적 조직이론에 입각하여 조직의 명령계통, 통솔의 범위, 기능배분, 권한과 책임의 한계 등을 주요 대상으로 하는 행정개혁의 접근방법이다. 　　○ ✕
2014 행정사

04 행정개혁의 접근방법 중 조직의 상징체계, 신화, 의례를 바꾸고 그에 따라 조직구성원의 행동양식과 관행, 그리고 신념을 혁신하는 것은 과정적 접근에 해당한다. 　　○ ✕
2021 행정사

05 구조적 접근은 공무원의 의식개혁, 업무자세 및 태도 개선 등에 초점을 맞춘다. 　　○ ✕
2022 행정사

---

01 구조적 접근 : 조직의 공식적 구조를 개혁하는 방법이며, 그 예시는 다음과 같음
　① 기능중복의 제거, 책임의 재규정, 조정 및 통제절차 개선, 표준절차 간소화, 의사전달체계 및 의사결정권 수정, 분권화 전략(권한의 재조정) 등
　② 통솔범위의 조정, 명령계통의 수정, 작업집단 재설계 등

02 행태적 접근방법은 행태과학의 지식과 기법을 활용하여, 구성원의 가치관 등을 변화시키는 방법임

03 1번 해설 참고

04 ① 지문은 문화적 접근에 해당함
　② 과정적 접근 : 행정체제 내의 과정 또는 일의 흐름을 개선하려는 접근으로써 조직 내 운영과정을 수정하는 것

05 선지는 행태적 접근에 대한 내용임

Answer
01 ○　　**02** ✕　　**03** ○　　**04** ✕　　**05** ✕

06 행정개혁 저항에 대한 사회적·규범적 극복방안으로써 교육훈련, 의사소통과 참여의 촉진, 경제적 보상 등이 있다. 2019 행정사 ☐○☐✕

07 행정개혁 저항에 대한 사회적·규범적 극복방안으로써 의사전달과 참여의 확대, 신분보장과 경제적 보상, 사명감 고취와 역할인식 강화 등이 있다. 2022 행정사 ☐○☐✕

08 미국의 국정성과팀에서 제안한 정부재창조의 기본원칙은 관료적 문서주의(red tape) 제거, 고객우선주의, 성과산출을 위한 권한 위임, 기본원칙으로의 복귀 등이다. ☐○☐✕
2015 행정사

09 행태적 접근은 감수성 훈련 등을 통해 관료의 가치관, 신념, 태도의 변화를 유도하는 행정개혁의 접근방법이다. 2023 행정사 ☐○☐✕

10 영국은 넥스트 스텝(Next Steps)을 통해 책임운영기관 제도를 도입하고, 공공서비스의 질향상을 위해 시민헌장제, 의무경쟁입찰제, 시장성테스트 등의 개혁 조치를 추진한 바 있다. 2023 행정사 ☐○☐✕

---

06 행정개혁 저항에 대한 사회적·규범적 극복방안으로써 교육훈련, 의사소통과 참여의 촉진 등이 있음 → 경제적 보상은 공리·기술적 전략에 해당함

07 신분보장과 경제적 보상은 공리·기술적 전략임

08 클린턴 정부 시절 엘 고어 부통령을 위원장으로 출범한 국정성과팀(NPR)에 대한 설명임

09 행태적 접근은 개혁의 초점을 인간의 행동에 두면서 구성원의 신념 및 가치관, 행태를 의도적으로 변화시켜 행정체제의 변화를 유도함

10 선지는 영국 보수당의 행정개혁임

Answer

06 ✕ 07 ✕ 08 ○ 09 ○ 10 ○

행정사
최욱진 행정학개론

PART

07

지방자치론

지방자치론의 기초

01 전래권설(국권설)에서 자치권은 주권적 통일국가의 통치구조 일환으로 형성된다는 ○✕
의미에서 국법으로 부여된 권리로 본다. 2019 행정사

02 고유권설(지방권설)은 주로 헤겔(Hegel)의 영향을 받은 독일의 공법학자들에 의하 ○✕
여 주장되었다. 2019 행정사

03 고유권설은 자치권을 인간의 자연권과 마찬가지로 본래적이고 침해할 수 없는 고유 ○✕
한 권리라고 본다. 2021 행정사

04 지방자치단체는 법령의 범위 안에서 자치에 관한 규정을 제정할 수 있다. 2017 행정사 ○✕

05 지방자치단체는 법률의 구체적인 위임이 없더라도 조례를 위반한 행위에 대하여 벌 ○✕
금을 부과하는 조례를 제정할 수 있다. 2017 행정사

06 우리나라 지방자치단체의 기관구성은 기본적으로 기관대립형을 채택하고 있다. ○✕
2016 행정사

07 기관대립형은 기관통합형에 비해 집행기관 구성에서 주민의 대표성을 확보할 수 있 ○✕
으나, 행정의 전문성이 결여될 수 있다. 2008 7급 지방직

08 기관분립형은 의결기관과 집행기관 간의 견제와 균형의 원리에 의해 권력의 남용을 ○✕
방지하고, 비판·감시기능을 할 수 있다. 2012 7급 지방직

09 단층제는 이중행정과 이중감독의 폐단을 방지하고 신속한 행정을 도모한다. ○✕
2013 9급 군무원

10 중층제에서는 단층제에서보다 기초자치단체와 중앙정부의 의사소통이 원활하지 못 ○✕
할 수 있다. 2011 9급 국가직

11 우리나라에서 자치경찰단을 두어 자치경찰제를 실시하고 있는 지방자치단체는 제 ○✕
주특별자치도이다. 2015 행정사

PART 07

01 전래권설은 지방정부의 자치권을 국가가 법으로 규정한다는 관점임

02 전래권설에 대한 내용임 → 전래권설은 19C 독일의 공법학자들의 주장으로 자치단체는 국가의 창조물이고, 자치
권은 국가로부터 부여된 권리로 간주함

03 고유권설은 지방정부의 자치권을 중앙정부가 침해할 수 없는 고유한 권리로 간주함 → 아울러 지방정부의 자치
권은 주민이 부여했다는 전제에 기초함

04 **헌법 제117조** ① 지방자치단체는 주민의 복리에 관한 사무를 처리하고 재산을 관리하며, 법령의 범위안에서 자
치에 관한 규정을 제정할 수 있다.

05 **지방자치법 제28조 【조례】** ① 지방자치단체는 법령의 범위에서 그 사무에 관하여 조례를 제정할 수 있다. 다
만, 주민의 권리 제한 또는 의무 부과에 관한 사항이나 벌칙을 정할 때에는 법률의 위임이 있어야 한다.

06 우리나라는 기관대립형 구조를 채택하되, 주민투표에 따라 기관통합형으로 바꿀 수 있음

07 기관대립형은 기관통합형에 비해 집행기관 구성에서 주민의 대표성을 확보할 수 있으며, 의결기관과 행정기관
의 분업화를 통해 행정의 전문성이 촉진될 수 있음

08 기관분립형의 의결기관과 집행기관 간의 분업 관계는 권력남용 방지 및 상호 비판·감시기능을 수행함

09 단층제는 지방정부와 중앙정부가 직접 소통하는 바 이중행정과 이중감독의 폐단을 방지하고 신속한 행정을 도
모할 수 있음

10 중층제에서는 광역지방자치단체가 중간관리자 역할을 전담하므로 단층제에서보다 기초자치단체와 중앙정부의
의사소통이 원활하지 못할 수 있음

11 **제주특별법 제88조 【자치경찰기구의 설치】** ① 제90조에 따른 자치경찰사무를 처리하기 위하여 「국가경찰과
자치경찰의 조직 및 운영에 관한 법률」 제18조에 따라 설치되는 제주특별자치도자치경찰위원회(이하 "자치경찰
위원회"라 한다) 소속으로 자치경찰단을 둔다.

Answer

01 ○	02 ✕	03 ○	04 ○	05 ✕	06 ○	07 ✕	08 ○	09 ○	10 ○
11 ○									

12 시・도 자치경찰위원회는 시・도지사의 지휘감독을 받아 자치경찰사무를 수행한다. 2024 행정사 ○ ×

13 우리나라 특별자치도에는 지방자치단체인 시와 군을 둘 수 없으며, 행정시장을 도지사가 임명한다. 2013 행정사 ○ ×

14 제주특별자치도 제주시는 법인격이 없는 행정계층에 해당한다. 2024 행정사 ○ ×

15 자치구가 아닌 행정구 읍・면・동의 명칭과 폐치・분합은 해당 지방의회의 의결로 결정한다. 2014 행정사 ○ ×

16 지방자치단체의 사무 중 단체위임사무는 지방자치단체의 장에게 위임하여 처리하는 사무이다, 2014 행정사 ○ ×

17 기관위임사무는 국가가 사업비 일부를 보조하며, 지방의회의 통제를 받고 지방자치단체와 국가가 공동으로 책임진다. 2013 행정사 ○ ×

18 선결처분권은 지방자치단체장을 견제할 수 있는 지방의회의 강력한 권한이다. 2013 행정사 ○ ×

19 지방의회는 매년 1회 그 지방자치단체의 사무에 대하여 시・도에서는 14일의 범위에서, 시・군 및 자치구에서는 9일의 범위에서 감사를 실시한다. 2016 행정사 ○ ×

20 지방의회는 재적의원 3분의 2 이상의 출석과 출석의원 3분의 2 이상의 찬성으로 그 자치단체장을 불신임할 수 있다. 2016 행정사 ○ ×

21 지방의회는 조례의 제정・개정 및 폐지, 기금의 설치・운용 등에 관한 사항을 의결한다. 2015 행정사 ○ ×

22 지방의회 의장 혹은 부의장에 대한 불신임 의결은 재적의원 3분의 1이상 발의와 재적의원 과반수의 찬성으로 행한다. 2013 8급 국회직 ○ ×

23 주민자치는 대의민주제를 포함한 지방자치단체의 주민대표성과 민주성을 강조한다. ◯✕
2023 행정사

24 2개 이상의 지방자치단체가 특별지방자치단체를 설치하는 경우 구성하는 지방자치 ◯✕
단체의 지방의회 의결을 거쳐 국무총리의 승인을 받아야 한다. 2023 행정사

---

12 **경찰법 제18조【시·도자치경찰위원회의 설치】** ① 자치경찰사무를 관장하게 하기 위하여 특별시장·광역시
장·특별자치시장·도지사·특별자치도지사 소속으로 시·도자치경찰위원회를 둔다.
② 시·도자치경찰위원회는 합의제 행정기관으로서 그 권한에 속하는 업무를 독립적으로 수행한다.

13 행정시장은 주민의 직선으로 선출하지 않는 바 도지사가 임명함 → 아래의 조항 참고
제주특별법 제10조【행정시의 폐지·설치·분리·합병 등】 ① 제주자치도는 「지방자치법」 제2조 제1항 및 제
3조 제2항에도 불구하고 그 관할구역에 지방자치단체인 시와 군을 두지 아니한다.

14 제주도는 단층제로 운영되는 바 제주시는 행정시임

15 자치구가 아닌 읍·면·동의 명칭과 폐치·분합은 행정안전부장관의 승인을 받아 그 지방자치단체의 조례로 정함

16 단체위임사무는 지방자치단체에 위임하여 처리하는 사무임

17 기관위임사무는 국가가 사업비 전부를 보조하며, 지방의회의 통제를 받지 않고, 국가가 자치단체장에게 위임한
사무이므로 지방자치단체는 책임이 없음

18 선결처분권은 지방자치단체장의 권한임

19 **지방자치법 제49조【행정사무 감사권 및 조사권】** ① 지방의회는 매년 1회 그 지방자치단체의 사무에 대하여
시·도에서는 14일의 범위에서, 시·군 및 자치구에서는 9일의 범위에서 감사를 실시하고, 지방자치단체의 사무
중 특정 사안에 관하여 본회의 의결로 본회의나 위원회에서 조사하게 할 수 있다.

20 지방의회는 지방자치단체장에 대한 불신임권이 없음 → 아래의 조항 참고
지방자치법 제62조【의장·부의장 불신임의 의결】 ① 지방의회의 의장이나 부의장이 법령을 위반하거나 정
당한 사유 없이 직무를 수행하지 아니하면 지방의회는 불신임을 의결할 수 있다.
② 제1항의 불신임 의결은 재적의원 4분의 1 이상의 발의와 재적의원 과반수의 찬성으로 한다.
③ 제2항의 불신임 의결이 있으면 지방의회의 의장이나 부의장은 그 직에서 해임된다.

21 조례의 제정·개정 및 폐지, 기금의 설치·운용 등에 관한 사항은 지방의회 의결권에 해당함

22 불신임 의결은 재적의원 4분의 1 이상의 발의와 재적의원 과반수의 찬성으로 정함

23 주민자치는 주민의 실질적 참여를 강조하는 지방자치의 원리임

24 국무총리를 행정안전부장관으로 고쳐야 함

Answer

12 ✕	13 ◯	14 ◯	15 ✕	16 ✕	17 ✕	18 ✕	19 ◯	20 ✕	21 ◯
22 ✕	23 ◯	24 ✕							

정부 간 관계

01 라이트(Wright)모형에서 분리형은 중앙·지방 간의 독립적인 관계를 의미한다. ○ ×

2011 9급 지방직

02 기초 지방정부가 할 수 있는 일을 상급 정부가 관여해서는 안 된다는 것, 중앙정부 ○ ×
의 역할은 지방정부의 기능을 보완하는 측면에 국한해야 한다는 것은 보충성의 원
칙을 의미한다. 2021 행정사

03 보충성의 원칙은 중층의 국가공동체 조직에서 하급단위가 잘 처리할 수 있는 업무 ○ ×
를 상급단위에서 직접 처리하면 안 된다는 원칙이다. 2020 행정사

04 포괄성의 원칙은 '기초자치단체가 처리하기 어려운 사무는 광역자치단체가 맡고 지 ○ ×
방자치단체에서 처리하기 어려운 사무는 중앙정부의 사무로 처리해야 한다'와 관련
된 사무배분 원칙이다. 2017 행정사

05 시·군 및 자치구의 사무에 관한 그 장의 명령이나 처분이 법령에 위반되거나 현저 ○ ×
히 부당하여 공익을 해친다고 인정되면 주무부장관은 바로 그 시정을 직접 명할 수
있다. 2016 행정사 수정

06 시·군 및 자치구의 장이 법령의 규정에 따라 그 의무에 속하는 국가위임사무의 관 ○ ×
리와 집행을 명백히 게을리하고 있다고 인정되면 주무부장관은 바로 그 이행을 직
접 명령할 수 있다. 2016 행정사 수정

07 특별지방행정기관은 국가의 사무를 집행하기 위해 설치한 일선집행기관으로 고유 ○ ×
의 법인격을 가지고 있다. 2019 7급 국가직

08 특별지방행정기관은 관할범위가 넓어 현지성이 확보됨으로써 지역주민을 위한 행 ○ ×
정이 가능하다. 2013 행정사

09 특별지방행정기관을 설치할 경우 광역적인 국가업무를 효율적으로 처리할 수 있다. ○╳

2013 행정사

10 광역행정의 공동처리 방식 중 사무위탁은 둘 이상의 지방자치단체가 계약에 의하여 ○╳
자기 사무의 일부를 상대방에게 위탁하여 처리하는 방식이다. 2018 9급 교행직

01 라이트는 정부모형을 포괄형, 중첩형, 분리형으로 구분함 → 이 중에서 분리형(seperated model)은 중앙 · 지방
간의 독립적인 관계를 의미함

02 **지방자치법 제11조 【사무배분의 원칙】** ② 국가는 제1항에 따라 사무를 배분하는 경우 지역주민생활과 밀접한
관련이 있는 사무는 원칙적으로 시 · 군 및 자치구(이하 "시 · 군 · 구"라 한다)의 사무로, 시 · 군 · 구가 처리하기
어려운 사무는 특별시 · 광역시 · 특별자치시 · 도 및 특별자치도(이하 "시 · 도"라 한다)의 사무로, 시 · 도가 처리
하기 어려운 사무는 국가의 사무로 각각 배분하여야 한다.

03 2번 해설 참고

04 ① 선지는 보충성의 원칙에 대한 내용임
② 포괄성의 원칙: 단편적인 지방이양의 문제점을 보완하기 위하여 포괄적으로 사무를 이양해야 한다는 원칙

05 **지방자치법 제188조 【위법 · 부당한 명령이나 처분의 시정】** ① 지방자치단체의 사무에 관한 지방자치단체의
장의 명령이나 처분이 법령에 위반되거나 현저히 부당하여 공익을 해친다고 인정되면 시 · 도에 대해서는 주무
부장관이, 시 · 군 및 자치구에 대해서는 시 · 도지사가 기간을 정하여 서면으로 시정할 것을 명하고, 그 기간에
이행하지 아니하면 이를 취소하거나 정지할 수 있다.

06 **지방자치법 제189조 【지방자치단체의 장에 대한 직무이행명령】** ① 지방자치단체의 장이 법령에 따라 그 의무
에 속하는 국가위임사무나 시 · 도위임사무의 관리와 집행을 명백히 게을리하고 있다고 인정되면 시 · 도에 대해서는
주무부장관이, 시 · 군 및 자치구에 대해서는 시 · 도지사가 기간을 정하여 서면으로 이행할 사항을 명령할 수 있다.

07 특별지방행정기관은 국가의 사무를 집행하기 위해 설치한 일선집행기관으로 고유의 법인격을 가지고 있지 않음

08 특별지방행정기관의 관할범위는 지방자치단체에 비해 넓기 때문에 현지성 확보가 어려움

09 특별지방행정기관은 중앙정부의 소속기관이므로 특별지방행정기관을 설치할 경우 광역적인 국가업무를 효율적
으로 처리할 수 있음

10 **지방자치법 168조 【사무의 위탁】** ① 지방자치단체나 그 장은 소관 사무의 일부를 다른 지방자치단체나 그 장
에게 위탁하여 처리하게 할 수 있다.

Answer

| 01 ○ | 02 ○ | 03 ○ | 04 ╳ | 05 ╳ | 06 ╳ | 07 ╳ | 08 ╳ | 09 ○ | 10 ○ |

11 시·도를 달리하는 시·군·구 간의 자치단체조합의 설치는 지방의회 의결을 거쳐 ☐○☐✕☐
시·도지사의 승인을 받아야 한다. 2014 행정사

12 행정구(자치구가 아닌 구) 설치는 우리나라 지방자치단체 간의 공동사무를 협력· ☐○☐✕☐
처리하는 방식에 해당한다. 2018 행정사

13 지방자치단체조합은 우리나라 지방자치단체 간의 공동사무를 협력·처리하는 방식 ☐○☐✕☐
에 해당한다. 2018 행정사

14 중앙행정기관의 장과 지방자치단체의 장 간에 의견을 달리하는 경우 국무총리 소속 ☐○☐✕☐
으로 행정협의조정위원회를 두어 조정한다. 2015 9급 교행직

15 중앙행정기관장과 지방자치단체의 장이 의견을 달리하는 사무처리의 조정을 위해 ☐○☐✕☐
행정안전부 소속하에 협의조정기구를 둘 수 있다. 2014 행정사

---

11 시·도를 달리하는 시·군·구 간의 자치단체조합의 설치는 지방의회 의결을 거쳐 행정안전부장관의 승인을 받아야 함

12 행정구 설치는 지방자치단체 간 협력방식이 아니라 특정 조건을 지닌 지방자치단체에 대한 특례임

13 지방자치단체 조합은 협의체, 행정협의회, 사무위탁과 함께 공동처리 방식에 해당함

14 **지방자치법 제187조 【중앙행정기관과 지방자치단체 간 협의·조정】** ① 중앙행정기관의 장과 지방자치단체의 장이 사무를 처리할 때 의견을 달리하는 경우 이를 협의·조정하기 위하여 국무총리 소속으로 행정협의조정위원회를 둔다.

15 중앙행정기관장과 지방자치단체의 장이 의견을 달리하는 사무처리의 조정을 위해 국무총리 소속하에 협의조정기구를 둠 → 행정협의조정위원회

Answer ┼───

11 ✕   **12** ✕   **13** ○   **14** ○   **15** ✕

주민참여

01 주민참여는 행정의 전문화를 향상시킨다. 2009 9급 국회직 〇 ✕

02 주민발안제에 있어 사용료의 부과, 행정기구 변경 및 공공시설 설치 반대 등의 사항 〇 ✕
은 주민에 의한 청구대상이 되지 않는다. 2014 행정사

03 주민은 행정기구를 설치하거나 변경하는 것에 관한 사항이나 공공시설의 설치를 반 〇 ✕
대하는 사항의 조례를 제정하거나 개정하거나 폐지할 것을 청구할 수 있다.
2019 9급 국가직

04 주민은 그 지방자치단체의 장을 소환할 권리는 갖지만, 비례대표 지방의회의원을 〇 ✕
소환할 권리를 가지고 있지는 못하다. 2019 9급 국가직

05 일정기간 지역에 거주하지 않았더라도 주민등록만 되어 있다면 지방자치법상 주민 〇 ✕
으로서의 권리와 의무의 주체가 된다. 2024 행정사

---

01 주민은 일반적으로 정부관료에 비해 전문적인 지식이 부족한 까닭에 행정의 전문화를 저해할 수 있음

02 주민조례발안법 제4조 【주민조례청구 제외 대상】 다음 각 호의 사항은 주민조례청구 대상에서 제외한다.
1. 법령을 위반하는 사항
2. 지방세 · 사용료 · 수수료 · 부담금을 부과 · 징수 또는 감면하는 사항
3. 행정기구를 설치하거나 변경하는 사항
4. 공공시설의 설치를 반대하는 사항

03 주민은 행정기구를 설치하거나 변경하는 것에 관한 사항이나 공공시설의 설치를 반대하는 사항의 조례를 제정
하거나 개정하거나 폐지할 것을 청구할 수 없음

04 주민소환법 제7조 【주민소환투표의 청구】 ① 전년도 12월 31일 현재 주민등록표 및 외국인등록표에 등록된
제3조 제1항 제1호 및 제2호에 해당하는 자(이하 "주민소환투표청구권자"라 한다)는 해당 지방자치단체의 장 및
지방의회의원(비례대표선거구시 · 도의회의원 및 비례대표선거구자치구 · 시 · 군의회의원은 제외하며, 이하 "선
출직 지방공직자"라 한다)에 대하여 다음 각 호에 해당하는 주민의 서명으로 그 소환사유를 서면에 구체적으로
명시하여 관할선거관리위원회에 주민소환투표의 실시를 청구할 수 있다.

05 지방자치단체의 구역 안에 주소를 가진 자는 주민으로 볼 수 있음

Answer
01 ✕   02 〇   03 ✕   04 〇   05 〇

06 비례대표선거구 의원을 포함한 지방의회 의원과 지방자치단체의 장은 주민소환의 ☐○☐×
대상이 될 수 있다. 2016 행정사

07 주민소환투표결과의 확정은 주민소환투표권자 총수의 과반수 투표와 유효투표 총 ☐○☐×
수 과반수의 찬성을 요한다. 2016 행정사

08 주민소환투표를 실시한 후 2년 미만인 경우에는 주민소환을 실시할 수 없다. ☐○☐×
2017 경찰간부

09 군수를 소환하려고 할 경우에는 해당 군의 주민소환투표청구권자 총 수의 100분의 ☐○☐×
10 이상의 서명을 받아 청구해야 한다. 2021 9급 국가직

10 우리나라는 주민투표 결과의 확정을 위해서는 전체 유효투표권자 중 1/4 이상이 투 ☐○☐×
표를 해야 한다. 2019 행정사

11 항의적 주민투표(protest referendum)는 지방의회에서 의결한 사항에 대하여 그 효 ☐○☐×
력 여부를 결정하는 투표이다. 2019 행정사

12 지방자치단체 외국인등록대장에 등록된 베트남국적 C씨(45세)는 국내에 영주할 수 ☐○☐×
있는 체류자격 취득일 후 현재 3년이 지났지만, 외국인이기 때문에 지방자치단체의
위법행위에 대한 감사를 청구할 수 없다. 2022 행정사

13 「지방자치법」은 주민감사청구 요건으로 시·군·자치구의 경우 19세 이상 주민 ☐○☐×
500명 이상의 연서를 받아 감사를 청구할 수 있도록 규정하고 있다. 2016 7급 지방직

14 ○○시 주민 E씨(57세)는 시의 공급 지출에 관한 사항의 위법에 대해 감사청구한 ☐○☐×
자로서, 그 감사 결과에 불복하고 법적 요건을 갖추어 시장을 상대로 주민소송을
제기하였다. 2022 행정사

15 주민발안, 주민소환, 주민투표, 주민감사청구는 우리나라 지방자치법이 인정하는 ☐○☐×
주민의 직접 참여제도이다. 2020 9급 군무원

16 주민발안, 주민감사청구, 주민투표, 주민소송, 주민소환은 지방자치법에 명시된 주 ☐○☐✕
민 직접 참여제도이다. 2017 행정사

17 주민소송제는 주민이 감사청구한 일정한 재무회계 사항과 관련이 있는 지방자치단 ☐○☐✕
체의 장 등의 위법한 행위 등에 대하여 손해를 배상하게 하는 제도이다. 2024 행정사

---

06 비례대표의원은 소환대상에서 제외됨

07 주민소환투표결과의 확정은 투표권자 총수의 1/3 이상의 투표와 유효투표 과반수의 찬성을 요함

08 **주민소환법 제8조【주민소환투표의 청구제한기간】** 제7조 제1항 내지 제3항의 규정에 불구하고, 다음 각 호의
어느 하나에 해당하는 때에는 주민소환투표의 실시를 청구할 수 없다.
1. 선출직 지방공직자의 임기개시일부터 1년이 경과하지 아니한 때
2. 선출직 지방공직자의 임기만료일부터 1년 미만일 때
3. 해당선출직 지방공직자에 대한 주민소환투표를 실시한 날부터 1년 이내인 때

09 군수를 소환하려고 할 경우에는 해당 군의 주민소환투표청구권자 총 수의 100분의 15 이상의 서명을 받아 청구
해야 함

10 주민투표에 부쳐진 사항은 주민투표권자 총 수의 4분의 1 이상의 투표와 유효투표수 과반수의 득표로 확정됨

11 항의적 주민투표(protest referendum)는 지방의회에서 의결한 사항에 대하여 그 효력 여부를 주민이 투표를 통
해 결정하는 제도임

12 일정 자격을 갖춘 외국인은 감사를 청구할 수 있음

13 **지방자치법 제21조【주민의 감사 청구】** ① 지방자치단체의 18세 이상의 주민으로서 다음 각 호의 어느 하나
에 해당하는 사람은 시·도는 300명, 제198조에 따른 인구 50만 이상 대도시는 200명, 그 밖의 시·군 및 자치
구는 150명 이내에서 그 지방자치단체의 조례로 정하는 수 이상의 18세 이상의 주민이 연대 서명하여 그 지방자
치단체와 그 장의 권한에 속하는 사무의 처리가 법령에 위반되거나 공익을 현저히 해친다고 인정되면 시·도의
경우에는 주무부장관에게, 시·군 및 자치구의 경우에는 시·도지사에게 감사를 청구할 수 있다.

14 주민소송 : 자치단체의 재무행위와 관련하여 감사를 청구한 주민이 감사의 결과에 불복이 있는 경우에 감사청구
한 사항과 관련이 있는 위법한 행위나 업무를 게을리한 사실에 대해 해당 단체장을 상대방으로 법원에 재판을
청구하는 제도

15 주민발안은 조례제정개폐청구제도를 의미함

16 주민발안(조례제정개폐청구), 주민감사청구, 주민투표, 주민소송, 주민소환은 지방자치법에 명시된 주민 직접 참
여제도임

17 주민소송제 : 자치단체의 재무행위와 관련하여 감사를 청구한 주민이 감사의 결과에 불복이 있는 경우에 감사청
구한 사항과 관련이 있는 위법한 행위나 업무를 게을리한 사실에 대해 해당 단체장을 상대방으로 법원에 재판을
청구하는 제도 → 납세자 소송제도

Answer

| 06 × | 07 × | 08 × | 09 × | 10 ○ | 11 ○ | 12 × | 13 × | 14 ○ | 15 ○ |
| 16 ○ | 17 ○ | | | | | | | | |

04 지방자치단체의 재정

01 지방세 수입에는 사용료, 수수료, 재산임대수입 등이 있다. 2021 행정사 ☐○☐✕

02 부산광역시 기장군은 주민에게 지방교육세를 부과할 수 있다. 2013 행정사 ☐○☐✕

03 종합부동산세는 국세에 해당한다. 2020 행정사 ☐○☐✕

04 세외수입은 재원의 성격상 의존재원이다. 2021 행정사 ☐○☐✕

05 지방교부세는 지역 간 재정불균형을 시정하기 위해 지방자치단체에 국세 일부를 이 ☐○☐✕
전하는 것으로 일정한 조건과 용도를 지정한다. 2013 행정사

06 특정재원과 달리 일반재원은 지방자치단체가 어떠한 경비로도 자유롭게 지출할 수 ☐○☐✕
있는 재원이다. 2021 행정사

07 보통교부세는 용도가 정해져 있지 않은 일반재원이다. 2014 행정사 ☐○☐✕

08 많은 경우에 있어 지방교부세는 지방자치단체의 지방비 부담을 요구한다. 2018 행정사 ☐○☐✕

09 대부분의 지방교부세는 '끈이 달린 돈(money with strings)'의 성격을 띤다. 2018 행정사 ☐○☐✕

10 국고보조금은 용도가 정해져 있지 않은 일반재원이다. 2015 행정사 ☐○☐✕

11 국고보조금은 지방자치단체의 자율성을 약화시킨다. 2015 행정사 ☐○☐✕

12 조정교부금은 일단 교부되면 해당 지방자치단체의 일반재원처럼 활용된다. 2018 행정사 ☐○☐✕

13 조정교부금은 중앙정부에 의한 지방재정조정제도이다. 2022 행정사 ☐○ ☒

14 지방재정조정제도는 지방행정 수행에 필요한 재정수요를 충족시켜 지방재정자립도 ☐○ ☒
향상에 기여한다. 2016 행정사

15 지방자치단체들은 재정자립도 향상 차원에서 지방교부세의 증액을 위해 노력하고 ☐○ ☒
있다. 2014 행정사

01 사용료, 수수료, 재산임대수입은 세외수입에 해당함

02 지방교육세는 목적세이므로 기초지방자치단체가 부과할 수 없음

03 종합부동산세는 국세에 해당함

04 세외수입은 세수입과 함께 자주재원에 해당함

05 지방교부세는 지역 간 재정불균형을 시정하기 위해 지방자치단체에 국세 일부를 이전하는 것으로 조건과 용도
가 붙지 않는 일반재원임

06 일반재원은 용도의 제한을 받지 않는 재원임

07 보통교부세와 부동산교부세는 일반재원, 특별교부세와 소방안전교부세는 특정재원임

08 지방교부세는 국가가 재정적 결함이 있는 지방자치단체에 국세의 일부를 지원하는 금액이기 때문에 지방자치단
체의 지방비 부담을 요구하지 않음

09 대부분의 지방교부세는 용도에 제한이 없는 일반재원임 → '끈이 달린 돈(money with strings)'이라는 것은 용도
에 제한이 있다는 것으로 국고보조금에 해당하는 내용임

10 국고보조금은 용도가 정해져 있는 특정재원임

11 국고보조금은 특정재원이므로 지방자치단체의 자율성을 약화시킬 수 있음

12 조정교부금은 광역자치단체가 기초지방자치단체에 지원하는 돈으로써 대개 용도에 제한이 없는 일반재원임

13 조정교부금은 광역지방자치단체가 기초지방자치단체에게 지원하는 의존재원임

14 ① 지방재정조정제도, 즉 의존재원은 자주재원이 아니므로 재정자립도 향상에 기여할 수 없음
② 재정자립도 : 총 세입 중에서 자주재원이 차지하는 비중

15 ① 지방교부세는 자주재원이 아니라 중앙정부가 교부하는 의존재원이므로 지방교부세가 증가할수록 재정자립
도는 낮아짐
② 재정자립도 : 총 세입 중에서 자주재원이 차지하는 비중

Answer

01 ×	02 ×	03 ○	04 ×	05 ×	06 ○	07 ○	08 ×	09 ×	10 ×
11 ○	12 ○	13 ×	14 ×	15 ×					

행정사
최욱진 행정학개론

기타 제도 및 법령 등

01 책임운영기관은 2009년 이명박 정부에서 처음으로 도입되었다. 2020 행정사 ☐○☐×

02 책임운영기관은 조직, 예산 등의 운영상 자율성이 책임운영기관장이 아닌 주무 부 ☐○☐×
처 장관에게 부여되어 있다. 2020 행정사

03 중앙책임운영기관으로 특허청이 있다. 2020 행정사 ☐○☐×

04 소속책임운영기관의 장은 공모를 통해 임기제공무원으로 임용된다. 2017 행정사 수정 ☐○☐×

05 책임운영기관은 공공성이 강하고 성과관리가 어려운 분야에 적용할 필요가 있다. ☐○☐×
2018 9급 서울시

06 소속책임운영기관과 소속중앙행정기관 간 공무원의 인사교류는 불가능하다. ☐○☐×
2020 행정사

07 소속책임운영기관은 특별회계로만 운영하여 예산 운영상의 자율성을 보장하여야 ☐○☐×
한다. 2017 행정사 수정

08 책임운영기관은 예산편성 및 집행상의 자율권을 확보하기 위하여 특별위원회를 두 ☐○☐×
며, 예산의 전용·이월 등이 허용되지 않는다. 2019 행정사

09 책임운영기관 제도설계의 이론적 기반은 신공공관리론이다. 2021 경찰간부 ☐○☐×

10 책임운영기관에 대한 종합평가는 기획재정부가 주관한다. 2020 행정사 ☐○☐×

01 책임운영기관의 설치·운영에 관한 법률은 1999년 1월(김대중 정권)에 제정되었음

02 책임운영기관은 조직, 예산 등의 운영상 자율성이 책임운영기관장에게 부여된 조직임

03 **책임운영기관법 제2조【정의】** ② 책임운영기관은 기관의 지위에 따라 다음 각 호와 같이 구분한다.
    1. 소속책임운영기관 : 중앙행정기관의 소속 기관으로서 제4조에 따라 대통령령으로 설치된 기관
    2. 중앙책임운영기관 : 「정부조직법」 제2조 제2항에 따른 청(廳)으로서 제4조에 따라 대통령령으로 설치된 기관
       → 2호에서 명시한 청은 특허청을 의미함

04 **책임운영기관법 제7조【기관장의 임용】** ① 소속중앙행정기관의 장은 공개모집 절차에 따라 행정이나 경영에 관한 지식·능력 또는 관련 분야의 경험이 풍부한 사람 중에서 기관장을 선발하여 「국가공무원법」 제26조의5에 따른 임기제공무원으로 임용한다.

05 책임운영기관은 공공성이 강하고 성과관리가 용이한 분야에 적용할 필요가 있음

06 소속책임운영기관과 소속중앙행정기관 간 전보 등이 가능함

07 ① 일반회계로 운영되는 소속책임운영기관도 있음
    ② **예** 국립과학수사연구원

08 ① 특별위원회에 대한 내용은 책임운영기관법에 명시되어 있지 않음
    ② 책임운영기관장은 운영상의 자율성을 보장받는 바 예산의 전용 및 이월 등을 할 수 있음

09 책임운영기관은 신공공관리론에 기초하기 때문에 기관장에게 운영상의 자율성을 부여하고 성과책임을 부여함

10 책임운영기관에 대한 종합평가는 행정안전부가 주관함

Answer
01 ×   02 ×   03 ○   04 ○   05 ×   06 ×   07 ×   08 ×   09 ○   10 ×

PART 08

01 미래창조과학부는 윤석열 정부가 운영하는 행정각부 중 하나이다. 2013 행정사 수정 ○×

02 공정거래위원회는 국무총리 소속의 위원회 조직이다. 2019 행정사 ○×

03 공정거래위원회, 국민권익위원회, 금융위원회, 방송통신위원회, 원자력안전위원회 ○× 는 국무총리 소속의 위원회 조직이다. 2024 행정사

04 특허청은 기획재정부의 외청이다. 2022 행정사 ○×

05 소방청은 행정안전부의 외청이다. 2022 행정사 ○×

06 국가보훈처, 여성가족부, 재외동포청, 질병관리청 등은 현재 우리나라 정부조직에 ○× 해당한다. 2024 행정사

07 지방공기업은 지방자치단체가 지역주민의 복리증진 등을 목적으로 직접 설치·경 ○× 영하거나 법인을 설립하여 경영하는 기업이다. 2019 행정사

08 지방직영기업은 지방자치단체가 새로운 법인을 설립하여 운영하는 간접 경영방식 ○× 이다. 2017 행정사

09 지방공사 및 지방공단에 소속된 직원은 신분이 지방공무원이다. 2019 행정사 ○×

10 지방공기업은 일반회계와는 별도로 지방의회의 예산심의 및 의결이 필요 없는 특별 ○× 회계로 운영된다. 2019 행정사

11 전문경력관은 일반직 공무원이지만, 계급 구분과 직군·직렬 분류가 적용되지 않는다. ☐○☒
2016 행정사

12 시차출퇴근형은 1일 8시간의 근무체제를 유지하되, 출근 시간을 선택하는 탄력근무 ☐○☒
방식이다. 2019 행정사

13 시간선택제 전환 근무제는 탄력근무방식에 해당한다. 2020 행정사 ☐○☒

01 미래창조과학부를 과학기술정보통신부로 고쳐야 함

02 공정거래위원회, 금융위원회, 국민권익위원회 등은 국무총리 소속의 위원회 조직임

03 방송통신위원회는 대통령 소속의 중앙행정기관임

04 특허청은 산업통상자원부의 외청임

05 소방청·경찰청은 행정안전부의 외청임

06 윤석열 정권에서 국가보훈처를 국가보훈부로 격상했음

07 **지방공기업법 제1조【목적】** 이 법은 지방자치단체가 직접 설치·경영하거나, 법인을 설립하여 경영하는 기업의 운영에 필요한 사항을 정하여 그 경영을 합리화함으로써 지방자치의 발전과 주민복리의 증진에 이바지함을 목적으로 한다.

08 선지는 지방공사 및 공단에 대한 내용임 → 지방직영기업은 지방자치단체가 직접 운영하는 조직임

09 지방공사 및 지방공단은 지방공기업 중 간접경영방식에 해당하므로 해당 조직에 소속된 직원은 공무원이 아님

10 지방공기업은 일반회계와는 별도로 특별회계로 운영되며, 특별회계는 지방의회의 예산심의 및 의결이 필요함

11 전문경력관은 일반직 공무원이지만, 업무의 특수성으로 인해 계급 구분과 직군·직렬 분류가 적용되지 않음

12 시차출퇴근형은 시간 차이를 두고 출근하는 방식임(단, 하루에 8시간은 근무해야 함)

13 ① 시간선택제 전환 근무제는 탄력근무방식의 유형이 아님
② 탄력근무방식
　㉠ 정의: 주 40시간 근무하되, 출·퇴근시각·근무시간·근무일을 자율적으로 조정하는 제도
　㉡ 유형: 시차출퇴근형, 근무시간선택형, 집약근무형, 재량근무형

Answer

01 ✕　02 ○　03 ✕　04 ✕　05 ○　06 ✕　07 ○　08 ✕　09 ✕　10 ✕
11 ○　12 ○　13 ✕

14 현재 우리나라에는 내부고발자를 보호하는 관련 법률이 없다. 2021 행정사 ☐○☐✗

15 공직자윤리법에는 주식백지신탁, 이해충돌 방지 의무, 공직자 재산등록과 공개, 퇴 ☐○☐✗
직공직자 취업제한, 내부고발 제도가 명시되어 있다. 2024 행정사

16 특별시, 광역시 및 특별자치시가 아닌 인구 100만 이상의 시는 특례시 명칭을 부여 ☐○☐✗
받고 자치구를 둔다. 2022 행정사

17 특례시에는 자치구가 설치되어 있다. 2024 행정사 ☐○☐✗

18 두 개 이상의 지방자치단체가 특정한 목적을 위하여 법인으로서의 특별지방자치단 ☐○☐✗
체를 설치할 수 있다. 2022 행정사

19 청주시, 창원시, 춘천시 중에서 가장 최근에 통합된 도시는 춘천시이다. 2024 행정사 ☐○☐✗

20 비용효과(cost-effectiveness) 분석은 효과를 화폐가치로 측정하기 어려운 상황에서 ☐○☐✗
적용된다. 2023 행정사

21 재정사업자율평가제도는 각 중앙관서의 장과 기금관리주체가 기획재정부장관이 정 ☐○☐✗
하는 바에 따라 주요 재정사업을 스스로 평가하는 제도이다. 2023 행정사

22 우리나라 지방자치법에 따르면 도와 시·군이 사무를 처리할 때 사무가 서로 겹치 ☐○☐✗
면 도에서 먼저 처리한다. 2023 행정사

14 현재 우리나라는 부패방지권익위법과 공익신고자보호법에 내부고발자 보호제도를 명시하고 있음

15 내부고발 제도는 부패방지권익위법과 공익신고자보호법 등에 규정되어 있음

16 특별시, 광역시 및 특별자치시가 아닌 인구 100만 이상의 시는 특례시 명칭을 부여받을 수 있음(자치구 설치 ×)

17 특례시에는 자치구를 설치할 수 없음

18 **지방자치법 제199조【설치】** ① 2개 이상의 지방자치단체가 공동으로 특정한 목적을 위하여 광역적으로 사무를 처리할 필요가 있을 때에는 특별지방자치단체를 설치할 수 있다. 이 경우 특별지방자치단체를 구성하는 지방자치단체(이하 "구성 지방자치단체"라 한다)는 상호 협의에 따른 규약을 정하여 구성 지방자치단체의 지방의회 의결을 거쳐 행정안전부장관의 승인을 받아야 한다.

19 가장 최근에 통합된 도시는 청주시임(2013년) → 창원시는 2010년, 춘천시는 1995년임

20 비용효과(cost-effectiveness) 분석은 범죄율처럼 화폐가치로 측정하기 어려운 정책효과를 분석할 때 사용됨

21

개념	각 중앙관서의 장과 기금관리주체가 기획재정부장관이 정하는 바에 따라 주요 재정사업을 스스로 평가하는 제도
내용	• 재정사업의 성과판단을 위한 기준을 명시한 체크리스트를 작성후 이를 바탕으로 재정사업의 성과를 평가 • 평가지표는 사업부처에서 자율적으로 수립함(평가지표의 개수도 자율적으로 정함) • 평가결과는 지출 구조조정 등의 방법으로 재정운용에 반영될 수 있음

22 **지방자치법 제14조【지방자치단체의 종류별 사무배분기준】** ③ 시·도와 시·군 및 자치구는 사무를 처리할 때 서로 겹치지 아니하도록 하여야 하며, 사무가 서로 겹치면 시·군 및 자치구에서 먼저 처리한다.

Answer

14 × 15 × 16 × 17 × 18 ○ 19 × 20 ○ 21 ○ 22 ×

2025 박문각 행정사 1차
최욱진 행정학개론 핵지총 610제
핵심기출지문 총정리 610제

초판인쇄 | 2024. 11. 15. **초판발행** | 2024. 11. 20. **편저자** | 최욱진

발행인 | 박 용 **발행처** | (주)박문각출판 **등록** | 2015년 4월 29일 제2019-000137호

주소 | 06654 서울시 서초구 효령로 283 서경 B/D 4층 **팩스** | (02)584-2927

전화 | 교재 문의 (02)6466-7202

저자와의
협의하에
인지생략

정가 12,000원

ISBN 979-11-7262-308-1